いまこそ、野党連合政権を！

真実とやさしさ、そして希望の政治を

冨田宏治
上脇博之
石川康宏

日本機関紙出版センター

はじめに

冨田　宏治

安倍政権を一刻も早く退陣させて、野党連合政権の樹立を実現することは、もはや待ったなしの課題です。

それは、①安倍政権により強行的に制定された安全保障法制＝戦争法や共謀罪などを廃止し、安倍首相によって私物化され、隠蔽・捏造・改竄のくり返しによって歪められた行政をただして立憲主義、民主主義、平和主義を回復するためにも、②安倍政権によってもたらされた貧困と格差の拡大を是正し、消費増税や新型コロナウィルスの感染拡大によって打撃をうけた暮らし・家計の応援を第一とする政治にきりかえるためにも、③人間の価値を生産性ではかる社会のあり方をただし、ジェンダー平等、ＬＧＢＴｓの権利拡大など多様性を大切にし、個人の尊厳を尊重する政治を築くためにも、決して避けることはできません。

「野党連合政権をテーマにした本を出しませんか？」というメールが、石川、上脇、冨田に送られてきたのは、２０１９年の10月のことでした。この３名は、それぞれ兵庫県下の大学に所属しつつ、安倍改憲阻止や市民と野党の共闘の展望について、各地での講演や新聞・雑誌への寄稿にたずさわってきました。ただ３名揃い踏みははじめてのこと。まずは一杯やりながら話し合おうと、11月下旬に、とある居酒屋に集まりました。

国会では、田村智子参議院議員の質問を皮切りに「桜を見る会」疑惑がつぎつぎに暴露され、安倍首相が火ダルマになっている時でした。情勢論を熱く語り合いながら、追いつめられた安倍首相が2020年年明け早々、衆議院の解散・総選挙に打って出ることも含め、緊迫する政治情勢を注視しながら最も有効なタイミングで、野党連合政権への展望を指し示し、学習会などでも使える役に立つ本を出版しようということになりました。

年が明けても、「桜を見る会」への国民の疑惑は解消されず、安倍首相は解散・総選挙に打って出ることもできぬまま、予算審議での苦しい答弁に明け暮れますが、そうこうするうちに新型コロナウィルス感染症（COVID-19）の拡大が深刻化しはじめます。大型クルーズ船をめぐる初動の不手際と、手のひらを返したように連発されたイベント自粛や全国一斉休校の要請、中・韓からの入国規制など、安倍首相の独断と場当たり的対応に対し、スポーツ紙1面に「安倍政権、ふざけるな!!」（『日刊スポーツ』、3月1日付）の大見出しが躍るなど、安倍首相への怨嗟の声が渦巻きはじめました。

こうした激動の情勢をにらみながら、本書の準備は進められました。新型コロナウィルス感染症が収束するまで、さすがの安倍首相も衆議院解散・総選挙には打って出れないでしょう。しかし衆議院総選挙はいずれ必ずやってきます。つぎの衆議院総選挙が野党連合政権を現実のものとすることができるか否かの天下分け目の決戦になるはずです。

本書がこうした闘いにいどむ多くのみなさんにとって、少しでもお役に立つことができることを心より願ってやみません。

冨田　宏治　　上脇　博之　　石川　康宏

13

国民の知る権利を確保するという観点から、報道の自由を徹底するため、放送事業者の監督を総務省から切り離し、独立行政委員会で行う新たな放送法制を構築すること。

【第1章】

真実とやさしさ、そして希望の政治を

冨田宏治

はじめに

野党連合政権をこの日本で本当に、近々のうちに実現していく展望がいったいどこにあるのか。その実現の可能性について、①一方では現在の世界、少なくとも先進諸国に共通する政治的対抗軸をめぐる問題から、②他方では、この10年ほどの日本の国政選挙における投票動向をめぐる問題から解明していきたいと思います。

野党連合政権の展望は、①グローバルな視点と②10年という少し長いタイムスパンから日本政治を眺めた時、はじめて大きく開かれてくるでしょう。目先の政治の動向に一喜一憂するのではなく、大きな視点から確信を深めていくことが必要です。

共通の対抗軸で展開する世界政治

こんにちの日本における野党連合政権の展望ということを中心にお話したいと思います。そのなかで、維新の会（以下、「維新」）、そしてれいわ新選組（以下、「れいわ」）をめぐる状況が、ある意味で問題の本質をみごとに映し出していることも確認していこうと思います。これは少なくとも先進諸国に共通して起こっている出来事です。その中で日本でも野党連合政権への展望が開かれつつあること、そして安倍政治や「維新」ともこの共通の対抗軸にそって対峙していかなければならないこと、そして「れいわ」から多くを学び、ともに力を合わせていかなければならないこと。これらのことは、ほとんど一つの問題を軸に語ることができます。このあたりをしっかりと関連づけてお話できればと思います。まずは視野を広げて、少なくとも先進諸国で、いまどのような共通の

出所：筆者作成の PowerPoint より

対抗軸で政治が展開しているのかを確認していきましょう。

アメリカ大統領選挙を注視

まずこの図をご覧ください。基本的にこの図に従って最近の動きを見ていきます。まず図の左側にいる人たちですが、アメリカのドナルド・トランプ大統領、イギリスのボリス・ジョンソン首相、軍服姿の安倍晋三首相、さらに警戒すべき人物としてこれまでの緑の狸（小池百合子氏）に代わって再浮上してきた橋下徹氏といった一連の人々です。これに対して、真っ向から対峙して立ちふさがっている勢力が右側のバーニー・サンダース米上院議員、ジェレミー・コービン労働党党首、２０２０年１月に社会労働党との連立政権を樹立したスペインのポデモスのパブロ・イグレシアス党首、志位和夫日本共産党委員長はじめ市民と野党の共闘を担う各党党首のみなさんです。

トランプ大統領は一見したところ強そうに見えますが、2018年の中間選挙で野党民主党が躍進し、下院の過半数を失いました。下院の過半数を失うとどうなるかというと、基本的に国内政治はほとんど動かなくなります。下院が立ちふさがりますのでトランプ大統領の思うようには動きません。すると彼はもっぱら下院の掣肘（せいちゅう）を受けないですむ外交で得点を挙げていかざるを得ません。外交は大統領の専権事項ですから、下院はそれについては口出しができない。そういうことから、いっそう過激な外交路線で突っ走っています。しかし外交で突っ走るとどういうことが起きるかというと、トランプ氏が一番得点を挙げやすいのは日本を叩くことです。ですから日本が750万トンものトウモロコシを買わされたりとか、日米貿易交渉が日本にたいへん厳しい条件で合意されたりとか、そういうことになります。

アメリカで民主党が下院の選挙で勝ったことで日本に対する風当たりが強くなる。要するにこの対抗軸の右側の勢力が頑張るとなぜか日本の私たちにも妙なトバッチリが飛んできたり、逆に大きなアドバンテージがもたらされたりする。このようにさまざまなことが関連しながら進んでいます。

いまアメリカでは、大統領選の予備選挙が本格化してきています。民主党の大統領候補選びでは、社会主義者であることを公然と表明しているバーニー・サンダースさんがスタートダッシュを決めました。しかし、多くの州の予備選挙が重なるスーパーチューズデーをまえに中道派が、オバマ政権時の副大統領だった中道派のバイデンさんに候補を一本化したこともあり、サンダースさんとバイデンさんの一騎打ちの大接戦という構図になっています。

サンダースさんは、これまで大統領選に参加してこなかった層を掘り起こしながら選挙戦を進めていますので、サンダースさんが民主党の大統領候補になると投票率が上がり、固定化されたガチガチの支持層に支えられているトランプ大統領にとっては不利になるとの観測も広がっています。民主党の予備選挙には民主党員以外も参加できますが、いまトランプ政権に批判的な人びとは、バイデンとサンダースのどちらがトランプ大統領に勝てそうな候補なのかという選択を迫られており、どちらが選ばれるかは予断を許さない状況です。この図の対抗軸をめぐる力関係は、このように切迫しているのです。

２０１８年の中間選挙で、トランプ大統領の与党共和党が下院で過半数を失ったことは、２０１９年の年末になって、さらに大きな動きにつながりました。12月18日、下院本会議はトランプ大統領を、ウクライナ疑惑をめぐる「権力乱用」と「議会妨害」で弾劾訴追する決議を可決したのです。弾劾訴追された大統領は、アメリカ史上３人目。上院の弾劾裁判で大統領職を罷免されることにはなりませんでしたが、最大の支持基盤であったキリスト教福音主義派からもトランプ氏に対する非難の声が上がるなど、トランプ大統領の足元を大きく揺さぶることとなりました。上院の弾劾裁判の結果がどうであれ、弾劾訴追された大統領という不名誉な烙印は消えません。２０２０年秋の大統領選挙への影響は必至です。大いに注目したいと思います。

イギリス、イスラエルもまた

また、イギリスのボリス・ジョンソン首相はブレグジット（ＥＵ離脱）の問題で完全に立ち往生するなか、一気に状況を打開する賭けに出て、２０１９年12月12日に総選挙が行われました。

ここまで追い込んだのがジェレミー・コービン労働党党首だったのです。ジェレミー・コービンといえば、労働党の最左派で、イラク戦争に反対したことで名を上げたイギリス核兵器廃絶運動（CND）の試されずみのリーダーです。こういう人物が総選挙の結果次第でイギリスの首相になるチャンスが訪れたわけですから、固唾を飲んで総選挙の結果に注目しました。残念ながら総選挙の結果は、1935年以来という労働党の歴史的大敗北に終わり、ブレグジットへと一気に弾みがついてしまいました。しかし得票率だけでみれば、大勝した与党保守党は、野党の総得票率に約1％と僅かな差ながらも及ばなかったのです。コービンさんの敗因はブレグジットへの賛否を労働党内でまとめきれなかったことにあると言われていますが、ブレグジットを強行しようとするジョンソン首相に反対する野党の幅広い共闘が実現していれば、総選挙の結果は大きく変わり、コービン首相の誕生も夢ではなかったはずです。

こうした世界の力関係、それは決して図の左側が圧倒的に強いということではなくて、それぞれの国で同じように共同しながら、その力で左側の勢力と対峙するという闘いが続いているのです。

一つ追加しておきますと、この間、イスラエルでも大きな動きが起きています。年明け早々のトランプ政権によるイラン革命防衛隊のソレイマニ司令官殺害という突然の暴挙によって、アメリカとイランとの間の軍事的緊張はいま極度に高まっています。しかし、2019年末の段階では、イラン攻撃のための有志連合の募集など、いつ戦端が切られるかと懸念されていた動きが一時期、ピタリと止まっていたのです。なぜか。イスラエルでベンヤミン・ネタニヤフ首相が政権を失おうとしていたからです。2019年9月の総選挙でネタニヤフ首相の率いる右派政党リクードは、

1議席差で第一党の地位を失いました。しかし連立政権の組み合わせでは野党連合を1議席上回っていたので、まず連立政権を組むようにリブリン大統領がネタニヤフ首相に指示をしたのです。しかし、この組閣が失敗に終わりました。このネタニヤフ首相に対して「青と白」という政党が対峙していて、これを率いるベニー・ガンツ元参謀総長が、今度は組閣に当たることとなりました。この「青と白」と連立を組んでいく勢力の中には、イスラエル共産党も入っています。ちょうど日本で共産党を含む野党連合が安倍政権と対峙しているように、極めつけの右派ネタニヤフに対してガンツという中道政治家とイスラエル共産党まで含めた野党連合が対峙していて、選挙で僅か1議席差でしたが勝ち、それによってイスラエルでは政権交代が起きる可能性が大きく高まったのです。しかし残念ながら、ガンツさんも組閣に失敗し、2020年3月にもう一度総選挙が行われることになりました。この総選挙の結果、ネタニヤフの率いるリクードが第一党を確保したものの、ネタニヤフの与党連合はまたもや過半数にとどかず、組閣の成否はいまだ見通せない状況です。

ただ少なくともいまは政権が事実上、空白状態なので、イランとの戦争を始めようとしてもイスラエルが動くことはむずかしい。アメリカはイスラエル抜きにイランとの戦争はできません。これが本当にアメリカ・イスラエルとイランの戦争ということになれば、日本は有志連合に直接参加しないにしてもホルムズ海峡付近に自衛隊を調査研究名目で派遣しています。そうするといよいよ「戦争法」＝安全保障法が発動されることになりかねません。イスラエルの人びとの闘いによってそこにストップがかかる可能性があるということです。

さらにここでスペインのウニダス・ポデモスのことにも触れておきましょう。ポデモスはもともと日本でいえばＳＥＡＬＤｓや市民連合にあたるような人びとが結成した政党だと考えてください。ポデモスというのは政党であると同時に、政党連合でもあり、スペイン共産党もこの政党連合の一員です。市民と野党の共同が一つの政党連合に発展したわけです。このポデモスと社会労働党が、２０１９年11月に連立政権樹立で合意、ついに２０２０年１月に連立政権が発足しました。ポデモスからは５人が入閣。うち２人はスペイン共産党員であり、スペイン共産党員の入閣はスペイン人民戦線政府以来84年ぶりのことです。まさに歴史が動いている。そう確信のもてる出来事です。

このように世界の少なくとも先進諸国の政治は、この図の左と右の対立軸をめぐって各国の人びとが共通の課題、共通の敵との闘い、幅広い共同の力によって、トランプを筆頭とする極右勢力と闘っていく政治が展開し、その勝ったり負けたりの結果がお互いに影響を与え合いながら、全体としてこの右側の勢力が少しずつ前進を遂げているのです。これから先にはアメリカ大統領選挙、そして日本で野党連合政権をめざす私たちの闘いもあるわけですが、それが少しずつではあれ前進しながら勝利の地盤を固めているということが続いている。このことをまず確認したいと思います。

文在寅大統領の誕生と安倍政権

そういう勝利の一環として私は韓国民衆が立ち上がったロウソク革命と朴槿恵政権の退陣、そして文在寅大統領の誕生を挙げたいと思います。いま頃になって日本のメディアは文在寅は極左だとか、とんでもない奴だと言って騒いでいますが、いまさら言うまでもなく文在寅さんは明らかにこの図の右側、私たちの側の人物です。文在寅さんの勝利、それが安倍政権にとっては非常に強烈な障害として立ちふさがったのです。ですから安倍総理にとって文在寅さんは憎んでも憎み切れない憎悪の対象になっている。憎くて仕方がないのです。日本のメディアが文在寅叩き、韓国叩き、嫌韓報道をしているのも、そして安倍政権が道理のない韓国敵視政策をとるということも言ってみれば、このような対抗軸の中で考えれば当たり前のことで今さら驚くことでもないのです。

同じように沖縄の玉城デニー知事の誕生もその対抗軸の一翼を担っています。そしてここでは残念ながら私たちの敗北についても触れなければいけません。大阪における私たちの「維新」への敗北は、このような流れの中で残念ながらマイナスの要素として、多かれ少なかれ世界と日本の人びととの闘いにマイナスの影響を与えることになるわけです。そういう意味ではこれからの闘いはよほど心していかなければいけないということになるでしょう。それに比して沖縄のデニーさんたちの闘いの勝利は非常に大きな役割を果たしていることになります。残念ながら首里城の消失という大きな出来事が起きてしまいましたが、このことを通して改めて沖縄の人たちのアイデンティティが問われています。沖縄の人びとがこの試練を乗り越えて前進されることを期待したいと思います。

平昌オリンピックの写真から

さて文在寅さんについてです。彼は大統領に就任するとすぐに、朝鮮半島の平和構築のためにそれこそわき目も振らず、なりふり構わず行動に出ています。その結果、平昌オリンピックで次頁の写真のように、金正恩朝鮮労働党委員長の妹、金与正（キム・ヨジョン）党中央委員会第一副部長らと歴史的な握手をすることになりました。しかしこの時、日本のメディアは何を報道していたか

出所：朝日新聞映像報道部の Twitter（2018年2月9日）

というと、北朝鮮の女子アイスホッケーチームと韓国の女子アイスホッケーチームが合同チームになったことについて、韓国のアイスホッケーチームがかわいそうだという内容の報道ばかりしていました。そういう日本のメディアの本質をはずした報道の裏側で、こういう歴史的出来事が準備されていたのです。世界の要人たちもそれを取り巻いて祝福をしていました。でもその祝福の輪にどうしても加われない人物がいました。その祝福の場面に目をむけることもできず、顔を引き攣らせて固まっている。それが安倍総理でした。上の写真を見るだけでもう多くを語ることは必要ありません。この写真には安倍政権が東アジアの中でどういう存在なのかが見事に切り取られています。

この時、安倍総理の頭の中に何がよぎっていたのでしょうか。9条改憲は終わったかなと思ったのではないでしょうか。なぜならこの時まで安倍総理は北朝鮮の核とミサイルの脅威があるから憲法9条を変えなければいけないと言ってきたのです。北朝鮮がミサイルを発射したとJアラートを鳴らし大騒ぎをし、改憲の雰囲気を作ろうとしてきたのです。でもこの瞬間、そういうものは吹っ飛んでしまいます。さらに歴史的な南北会談、そして米朝会談と進み、そして池上彰氏がテレビで「迫る、北朝鮮の脅威、どう守る日本、知られざる自衛隊の現実」という番組をしていた矢先に、トランプ大統領に「北朝鮮の核の脅威はもう無い。今夜はよく寝よう」と言われてしまったわけですから。

消えた安倍改憲の口実

この日以降、安倍総理は憲法9条を変える理由として、北朝鮮の脅威の「き」の字も言えなくなった。それからは何を言い出したかというと、自衛官が子どもから「お父さんは違憲なの？」と聞かれて泣いているという話をしきりに言っていました。ところがそれも作り話だということがバレて言えなくなった。じゃあ何を言い出したかというと、「憲法学者の7割以上が自衛隊は違憲だと言っているから」と言い出しました。でもそれなら安倍総理も自衛隊が違憲だと認めるのかということになってしまうのでそれも止めました。

出所：BBC News（2019年6月30日）

安倍総理はいまだに改憲は自分の任期中に行うと息巻いていますが、最近は9条を変える理由として何を言っているでしょうか。実はもう理由がなくなってしまった。「新しい時代には新しい憲法を」としか言えない状態なのです。憲法を変えるというような重大なことをやろうとしているのに、その理由がこの瞬間に消えて、これ以降それを説明するにふさわしい理由をついぞ見つけだすことができないまま、いまに至っているのです。

憎悪の対象としての文在寅

このように考えると文在寅大統領が、安倍総理にとってはもう憎んでも憎み切れない、どうしようもない憎悪の対象になっていることは理解いただけると思います。ところがさらにもう一つ憎悪の原因ができてしまいました。G20大阪サミット（2019年6月28日～6月29日）で安倍政権は起死回生を狙い、その成果を打ち上げて参議院選挙に一気になだれ込もうとしていたのです。しかし本当に驚きました。6月29日の写真を見ればわかりますが、そこにはもちろんトランプ大統領がいる、文在寅大統領もいます。ですがこの時に、誰も安倍総理に明日トランプ大統領が韓国に行くということを伝えていないわけです。これはたいへんなことです。日本の外務省も知らなかったのでしょうが、アメリカの国務省も一切安倍総理にそのことを伝えなかった。安倍総理は直後の30日にG20成功を打ち上げようと思っていたのに、そう思っている矢先にトランプ大統領が韓国に行ってしまいました。そして38度線を越えてこういう光景（前頁の写真）になってしまいました。この瞬間、G20サミットの安倍外交の成功の証という価値は一発で吹っ飛んでしまった。そしてこの直後から文在寅叩きが猛烈に始まることになります。

世界の闘いと共に歩む日本の闘い

以上見たような関係の中で、いまの世界の政治、そして日本の政治が進行しています。私たちの闘いは決して孤立した闘いではなくて、ボリス・ジョンソンを追いつめてきたジェレミー・コービンの闘いやトランプを追いつめているバーニー・サンダースさんたちの闘い、そして文在寅さんの闘いなどと共に、いま歩んでいる。そこを確認しておきたいと思います。

そして同じようにトランプ大統領を追いつめた一人が、オカシオ＝コルテスさん（上の写真）です。彼女は中南米からの移民出身で4人の有色人種の民主党女性下院議員の一人です。２０１８年の中間選挙でバーニー・サンダースたちの系列の議員が大躍進を遂げたことで民主党は下院で過半数を制し、彼女は29歳という最年少で当選します。選挙に出る前はタコス屋さんのウェイトレス兼バーテンダーをしていました。そういう仕事をしていた人がまさにシンデレラストーリーのように民主党の予備選挙を勝ち抜き、本選挙でも当選を果たした。一方トランプ大統領はコルテスさんら4人の議員に対して「彼女らは出身地に戻り、全く崩壊した、犯罪のはびこる場所を立て直すのを手助けしたらどうか」とツイート（２０１９年7月15日）し、アメリカから出ていけと発言しました。これはどこかで聞いたセリフですね。「そんなに日本の政治が不満なら日本から出ていけ」と女子高生に向かって言った有名な元大阪市長がいましたが、それとまさに発想は一緒です。このように私たちと対峙する敵たちには多くの共通性が見られます。こういう人たちに対して彼女たちが果敢な闘いを展開しているのです。

何百万人ものアメリカ人を
危険にさらしています
出所：BBC News Japan（2019年7月22日）

少し補足をしますが、私が起草委員長を務めた原水爆禁止２０１９年世界大会にピース・アクションというアメリカの老舗の平和団体の人たちがたくさん参加しました。彼らはオカシオ＝コルテスさんたちについて「彼女たちは自分たちの議員なんだ」と発言していました。ピース・アクションとオカシオ＝コルテスさんたちは特別な関係を作っていて、ピース・アクションは当然彼女らを推し、彼女らは議会の中でピース・アクションの代表として平和の問題を取り上げている。そういう関係にあると言われ、私はこのことを知りとてもうれしかったのです。イギリスのジェレミー・コービンがＣＮＤのリーダーであるのと同じように、彼女らは20～30万人の会員がいるピース・アクションを代表する議員たちなんだということです。私たちは本当に共通の枠組みの中で闘いを展開しているのです。

すべての根源は貧困と格差の恐るべき拡大

このようなことがどうして共通に起こっているのでしょうか。それは、この世界に広がる異様なまでの格差と貧困の中で、世界がものすごく歪な場所になっている。このことが背後にあるのです。私はこれがすべての根源だと思っています。

ビル・ゲイツ（マイクロソフト）、マーク・ザッカーバーグ（フェイスブック）、ジェフ・ベゾス（アマゾン）らわずか8人の大富豪の持っている資産総額が、世界36億７５００万人、つまり下位半分の人たちが持っている資産総額を超えているという、とんでもない世界。それがいまの世界です。

日本は比較的中間層が多くて平準化された社会だという都市伝説がいまだにはびこっているようです。しかし日本でも上位40人の資産総額、例えば孫正義（ソフトバンク）や三木谷浩史（楽天）、柳井正（ユニクロ）らの持つ資産総額は下位50％の世帯の資産総額を超えています。そしてこの下位50％の世帯の6割、つまり全体の下から3割までが資産ゼロです。資産ゼロとは貯金がゼロ、保険もゼロという人びとで、そういう暮らしを少し想像していただきたいと思うのです。例えばそれは、自分が病気になって明日から働きに行けないという状況になったその瞬間に、もはや生活が成り立たなくなるという世帯です。あるいは子どもが病気になって看病のために仕事を休まなきゃいけない、それだけでもう暮らしが成り立たなくなる世帯です。明日、明後日をどう食いつないでいくのかと常に不安に晒されている、そういう世帯なのです。

２０１９年5月に10連休がありましたが、10連休とはこの資産ゼロ、貯蓄ゼロ、保険ゼロの人たち、つまり日本の下から30％の世帯の人たちにとっては生き死にに関わる事態でした。10日間休むとどうなるでしょうか。その月の給料の3分の1は確実に消える。ひょっとすれば半分が消えます。私たちはテレビで5月の連休に海外旅行を楽しんでいる人たちの姿ばかりを見せられていますが、その裏側で10日休んだらその月の給料の半分近くが消えてしまい、連休の最中にもう食べるものがなくなってしまう、そういう人たちがいたことを決して忘れてはならないのです。

シンママ大阪応援団に教えられ

そんなのはウソだと思われる方もあるかもしれませんが、本当の話です。大阪にシンママ応援団（寺内順子代表理事）というシンママ（シングルマザー）支援をしている団体があります。シンママ家庭にお米や食料、生活用品、子どものためのお菓子などを毎月定期的に送って支えてあげる。

その一方で、シンママさんたちを生活保護につないだり、自立のために必要な講座を開いたり、メンタルのケアをするなどの活動をしています。このシンママ大阪応援団には、あの4月から5月の10連休半ばには多くのシンママさんたちからSOSが送られてきました。そのため連休返上で緊急支援物資を送り続けなければならなかったのです。これが現実です。日本社会はこういう現実に晒されています。

安倍政権ができて何が変わったかと言えば、いろんな数字がありますが私は最も深刻な数字はこの数字（左図）だと思います。政府系機関の調査による「年齢別貯蓄ゼロ世帯の割合」（金融広報中央委員会「家計の金融行動に関する世論調査［単身世帯調査］金融資産の有無」より、山本太郎事務所作成）の推移ですが、20代の貯蓄ゼロ世帯が２０１２年に民主党政権が終わる段階で38・9％だったのが、２０１７年の倍政権の時には61・0％に跳ね上がっています。20代の若者を3人見たら2人は貯蓄ゼロ、保険ゼロという暮らしをしていると思っていい。この数字は単身世帯に関するものですから、2人以上世帯は対象外ですが、年老いた父母とともに成人した子どもが暮らしている世帯などのことを考えれば、その深刻さはそれほど変わらないでしょう。これが現実です。その人たちはまさに明日食べ続けることができるか、明後日も食べ続けることができるか、そのことに日々不安を抱きながら

年齢別 貯蓄ゼロ世帯の割合

	2012年 民主党政権	増加	2017年 自民党政権
20歳代	38.9%		61.0%
30歳代	31.6%		40.4%
40歳代	34.4%		45.9%
50歳代	32.4%		43.0%
60歳代	26.7%		37.3%

出所：金融広報中央委員会「家計の金融行動に関する世論調査［単身世帯調査］金融資産の有無」より山本太郎事務所作成

（第３種郵便物認可）

シンママたちは選挙に行った ㊤

「政治って優しいんや」

夫の暴力や借金に耐えかねて離婚、貧困のなかで子育てするシングルマザー。「政治なんて一番遠い」と感じていたシンママたちが、参院選挙で投票所に足を運びました。「一般社団法人シンママ大阪応援団」が支援するママたちです。48・8％と史上2番目の低投票率の中でも選挙に行ったママたちの思いはー。

（内藤真己子）

きっかけは3月、関西学院大学の冨田宏治教授（政治学）の講演を聞いたことでした。同応援団が学習障害や料理教室など多彩なテーマで開いた「ママの学校」の最終回。冨田さんが「シンママのくらしと政治」と題して話しました。

生活に寄り添い

応援団は寄付による毎月の食料支援を中心に、田植えや食事会などでママと子をサポートしています。「ママたちが話したくないことは絶対に聞きません」と応援団代表の寺内順子さん。寄り添って生活保護の申請に同行するなどしてきました。そんななか「あるママから『政治のことを学びたい』と希望が出て、活動を支援してくださっている冨田先生にお願いしました」と振り返ります。

寺内順子さん

冨田さんは講演でやさしく切り出しました。「暮らしや心に余裕がないと政治が遠いのは当たり前です。だけど政治の方はズカズカ入り込んでくる。だからちょっと時間を割いて。一人ひとりは微力だけど一票を持っている。無力じゃない」

安倍政権は、「自己責任論」で弱者をバッシングし、社会に分断を持ち込んで社会保障を切り捨てる一方、大企業・大金持ち減税で貧困と格差を拡大させていると冨田さんは指摘しました。

子どものこと選挙のこと、ワイワイ話しながら手作り料理を囲む食事会＝8月、大阪市内

そのうえで「政治の本来の役割は、応能負担で税金を集め社会保障や教育など行政サービスを充実させる『所得の再分配』です。そして憲法25条は生存権を保障しています。だから政治は本来『優しいもの』なんです。ところが政治のあり方が壊れ、みなさんを苦しめている」と話しました。

一票の有効活用

「政治って、本当は優しいものなんや」。ママたちの心に響きました。

「いままで政治なんか関係ないことでした。でも、冨田先生のお話を聞いて、生活に困っている人こそ一票を有効に使わなければいけないと思いました。義務教育の子どもにかかる教育費を完全に無料にしてほしい。それって税金の使い方。確かに政治は生活に大きくかかわっている」。4人の子を持つ40代のシンママは言います。

夫の激しい暴力。子を連れて命からがら逃げ暮らしています。住民票は異動しておらず、期日前投票するには夫が暮らす街を訪ねなければなりませんでした。それでも危険を冒して投票に行きました。

「選挙に行っても変わらないと、ずっと思ってました。でも一票が集まれば、小さな魚が集まって大きな魚を追い払う絵本の『スイミー』みたいになるかもしれない」

そして政党に注文も。「批判ばかりじゃ心を動かされないです。政治は多数決だから、変えようと思ったら野党がまとまることが大事では」

（つづく）

出所：しんぶん赤旗（2019年8月30日）

シンママたちは 選挙に行った ㊦

生きづらさに寄り添い

参院選挙で一票を投じた、シンママ大阪応援団が支援するシングルマザーたち。中には日本共産党の候補に投票した人もいました。

「去年、新聞（大阪民主新報）で、（日本共産党の）辰巳孝太郎さんと対談しました。お話を聞き、辰巳さんは私利私欲なく、弱者に寄り添って声を国会に届けてくれると思えました」。2人の子と暮らす40代後半のシンママは語ります。

「政治は本来、弱者に優しいもの」という冨田宏治関西学院大教授の講演のうえに、お金の心配なく学び子育てできる社会や社会保障の充実を訴える辰巳氏の訴えが響きました。国政選挙に行くのは久しぶりでした。

共産党に初投票

1歳児を育てる20代のシンママは初めて共産党に投票しました。「親に言われてずっと公明党でした。でも自民党といっしょになって、庶民の党と言えるのか疑問も持ってた」

冨田宏治さん

母子世帯の心中未遂事件を取り上げた自身の質問を引き「政治は弱者のためにある。格差も貧困もない社会を」と訴えた辰巳氏の動画は83万回以上再生されました。動画を見て投票を決めたと言います。「人のためにこうやって泣く人、初めて見ました。国会議員なんか庶民のこと全然見てないと思っていたけど、この人は違う。こんな人やったらシンママで生活保護の私たちに心を寄せてくれるんじゃないかと感じました」

外国籍で最近日本国籍を取得した40代のシンママは初めての選挙でした。「ずっと政治には無関心できたけれど、自分が経済的に厳しくなってみて、金持ちに都合のいい政治になっている、これではダメだと思いました」と話します。「ママの学校」で「政治を勉強したい」と提案しました。

「日本軍『慰安婦』をなかったように言ったり、侵略戦争の歴史を教えない。安倍さんはウソで固めた政治。日本で生きていけるのか不安になります」。辰巳候補と「れいわ新選組」に投票しました。

冨田さんはこう分析します。「れいわの山本太郎代表は、『あなたは生きているだけで価値がある』と語りかけ、そのうえで『生きづらさは政治の責任だ』と訴えました。そして生産性と対極にある重度障害の方を『特別枠』の候補に立てた。それが政治を遠く感じている人を引き付けたのではないか」

実際、あるシンママは「山本太郎さんの演説動画をネットで見て、生きていていいんだと認められた気がした。そうすると上を向こう、政治に関わってみようと思えた」と話します。

「展望を語る」

冨田さんは「貧困層が広がり、政治に関わる余裕のない人が増えている。そこに低投票率のひとつの原因がある」と指摘します。

そして、次のように問題提起します。「政治に関心を持てない人が政治参加する状況をつくるには、貧困を直視し、困難を理解して『生きづらさ』に寄り添う。そのうえで展望を語ることが、野党が政権構想をまとめ政治を変える本気度を市民に伝えていくこととともに、いま求められている課題なのではないでしょうか」（おわり）

出所：しんぶん赤旗（2019年8月31日）

暮らしているのです。こういう事態がいまの日本には広がっているわけです。

シンママ大阪応援団にＳＯＳを発信してきたシンママたちの多くは、例えば夫からＤＶを受けて命からがらに逃げてきてメンタルを病み、子どもたちもメンタルの不調を抱えていて、そういう中で生活保護につながって辛うじて暮らしている。あるいはその病気と闘いながら少しずつ仕事をして生活をつないでいる。そういう人たちです。そして彼女たちの多くには実家というものがない。親との関係や生い立ちの問題などを抱えているので、本来なら困ったときには帰ることができて安らぎの場となるべき実家という存在がありません。ですから「Ｚｉｋｋａ」という拠点を作って、週末などに集まってそこでみんなでごはんを食べるのです。これ自体がとても重要なサポートなのですが、２０１９年の一斉地方選挙を控えたある日、寺内順子氏から「彼女たちに政治の話をしてください」と頼まれました。何の話をしようかと随分悩み苦しみのたうち回りましたが、そのことを「しんぶん赤旗」（２０１９年8月30日、31日）に取り上げていただきました。

「政治なんて贅沢なこと」

シンママさんたちはほとんどの方が選挙に行ったことがありません。なぜかというと「そんな政治なんて贅沢なことに関心を持っている余裕なんかなかった」というのです。日々不安に晒されている人たちは、政治に関心を持つ余裕なんてありません。政治に関心を持つこと、それはもうある意味贅沢なことであって、日々明日どうやって食べていけばいいのかという不安に襲われ、悩み苦しんでいる。私はこういう人たちにどのように寄り添っていけばいいのかということを本当に考えさせられました。同時にこういう現実を踏まえながら、シンママさんたちにいろんなお話をさせていただいたということなのですが、何が生きづらいかというと人間の価値が生産性で測られてしまうことです。さらに、自分たちに生きる価値があるのかないのか考えたくもないけど、それでも「生きていていい」と自信を持って言うことすらできないことです。

しかしそんな中、「あなたには生きている価値があり、生きていてほしい」というメッセージが彼女たちを励まし変えていきました。それは例えば「れいわ」の山本太郎さんの呼びかけ、つまり「あなたに生きていてほしんだよ」という中にあるわけで、実際にこれがシンママさんたちにはものすごく大きな影響を与え、多くのママたちが「れいわ」の山本太郎さんに投票したようです。このような生きづらさをかかえた人たちにむけた「生きていてほしい。一緒に生きていこう」というメッセージ。それがシンママたちの心を動かしたのです。また2019年11月に行われた高知県知事選挙に野党統一候補として立った松本顕治さんの呼びかけが「ここで一緒に生きよう」だったことにも注目したいと思います。

こういう呼びかけがいま、とても大事になっているのではないでしょうか。それほど、貧困が拡大する日本社会に広がる生きづらさの中で苦しんでいる人たちが多くいるのです。

政治の使命は再分配

政治の使命とは再分配です。市場原理では救われない人びとに再分配をすること。それが政治の本来の役割であり、政治とは本当はとてもやさしい営みなのです。だから決して政治をあきらめないでほしいとお話しました。こういうアプローチがいまとても大事になっているように思います。イギリスではジェレミー・コービンが行ってきたアプローチであり、アメリカでバーニー・サンダースさんたちが躍進している一つの理由にもなっています。このような共通の闘い方、共通の呼びかけ方、そして本当に貧困の中で苦しんでいる人たちに対する寄り添い方というものが、いまこそ求められているのではないかと感じています。

出所：ＩＷＪの動画より

弱者へのむき出しの憎悪が広がる社会

私たちが敵対している相手とは何者なのでしょうか。もちろん1%、あるいはたった8人、あるいはわずか40人という大富豪たちもそうですが、実はいま、そういう人たち以上にいわゆる中間層と呼ばれている人たち、この人たちにとても変な動きが現れていることが問題なのだと思うのです。そしてその人たちに対してどう向き合っていくのかということがとても大事になっています。

それについて本当にわかりやすい事例としてあげられる人物が長谷川豊氏（写真）という元フリーアナウンサーです。この人自身はバリバリの勝ち組の人でしょう。滝川クリステル氏が小泉進次郎氏の何倍もの資産をため込んでいたと話題になりましたが、フリーアナウンサーとはけっこうなお金持ちなんですね。その大金持ちの長谷川豊氏がちょっとだけマシな暮らしをしている中間層を煽るのです。大金持ちによる中間層への煽りです。それは例えばどういう内容の煽りかというと「自業自得の人工透析患者なんて、全員実費負担にさせよ！　無理だと泣くならそのまま殺せ！　今のシステムは日本を亡ぼすだけだ！」（２０１６年9月19日のブログ）という弱者への憎悪剥き出し煽りです。彼はこの煽り発言が原因でテレビ番組を降ろされました。当然のことでしょう。こんな発言をしてテレビに出続けていたらテレビの世界はまったく信じられないことになります。

その干された彼を拾ったのが「維新」でした。「維新」は彼を前回の衆議院選挙（２０１７年10月22日）の公認候補として千葉1区から立候補させたのです。ところが千葉の人たちは賢かった。最下位で落選、供託金（３００万円）も没収されました。しかし、もし彼が大阪で立っていたらトップ当選だったでしょう。人工透析をしている人は腎臓が悪くて毎日病院に行き透析を受け血を入れ替えないと死んでしまいます。当然高額な医療費がかかり今は健康保険で賄っているのですが、それでも3割負担や1割負担をしなくちゃいけないので、それ自身がすごい負担になっていて、毎日4時間ぐらいかかるのでまともな仕事には就けず、みなさん非常にしんどい暮らしをしています。そういう人たちに対して、全員実費負担にしろ、健康保険を使わせないようにしろ、無理だと泣くならそのまま殺してしまえ、こんなことをしていると日本社会が滅んでしまう、と叫んだわけです。もう無茶苦茶な考えです。

大阪の街に漂う嫌らしい雰囲気

彼はなぜこんなことを言うのでしょうか。私はこう考えます。つまり、人工透析を受けている人たちは、若いときから塩辛いものを好んで食べて腎臓が悪くなって自業自得だ。そんな自業自得の人たちは、いまは仕事ができずに福祉の対象になっていて、挙げ句の果てに健康保険で補ってもらっている。だけど自分たちは（長谷川氏も含めて）毎日ジョギングをし、有機野菜や産地直送品を食べて、減塩にも注意し健康に気をつけて健康保険のお世話にならないように頑張っている。そういう自分たちが働いて稼いだお金から税金や保険料を払っているのに自分たちは何の恩恵も受けていない。なのにあの貧乏人や年寄りや自業自得の病人が、自堕落な生活を送った末に人工透析を受け、僕らが（僕らと言っても実はそれは大阪で言えば高層マンションに住んでいるような人たちに呼びかけているのですが）払っている税金や保険料を無駄に食い潰しているが、それでいいんですかと。あなたたちは頑張って働いていて、税金や保険料を払っているのに、あんな年寄りや病人や貧乏人のためにそれが無駄に使われることをなぜ許しておけるんですかと、そういう呼びかけをしているわけです。

残念ながらとっても悲しいことに、これに拍手喝采する人がたくさんいます。こういうことを言うと選挙で票がもらえるのです。でも千葉ではダメだった。千葉の人は賢くて優しかった。しかし大阪でこの人が同じことを言うとたぶん選挙で当選するでしょう。これがいまの日本の政治の姿を表わしています。すごく象徴的な発言で、みなさんの感覚からすると、とっても嫌らしい発想、考え方でしょう。でも大阪の街で言えば、こういうことを言う人が市長や知事にもう10年近く就いているのです。こういうなにかすごく嫌な雰囲気が、この社会に漂っていて、それが政治に影響を与えている。

こういう煽り、そしてこの煽りを受けて「殺せ」という言葉を含めて喝采を送る人たちが結構いるのです。同じような話ですが例えば、２０１９年10月の台風19号の時に台東区の避難所にホームレスの人たちが避難して来たところ追い返されてしまうという事件がありました。それ自体は大きな人道的問題だと指摘を受け非難されましたが、でもネット上では「税金を払ってない奴を受け入れる必要はないだろう」「ホームレスなんて臭くてたまんねえぞ」という趣旨の書き込みが何十万人から「いいね」と賛同されていました。さらにそれに加えて5万件ぐらいの賛成のコメントが寄せられていた。本当におぞましいことです。だけどそういう感覚、税金を払ってない奴になんで避難所を提供しなきゃいけないのか、あの臭（くせ）え奴らとなんで一緒にいなきゃいけないのか、というような感覚は、まさに長谷川豊氏の発言に喝采を送るのと同じ感覚です。これがいまの日本には渦巻いている。そして喝采は送らないまでも、「まあ、そりゃあそうだよね」と思っている人たちが大阪には１５０万人ぐらいいるのです。それが「維新」の支持層です。

ターゲットを叩き、分断を持ち込む「維新」政治

でも実は、こういう空気はみなさんも感じているでしょう。いまもありますが、生活保護を受けるとバッシングされるというのが、この延長上にあります。政治家で言えば、片山さつき議員などはお笑いタレントの次長課長の河本さんのお母さんが生活保護を受けていることを取り上げて「そ

んなことが許されるのか」と大キャンペーンを展開しました。だけどいろんな事情があって、たとえ自分の子どもが芸人として売れていたとしても、そのことで生活保護が受けられるか受けられないかが左右されるのはあってはならないことです。しかし何か生活保護を受けていること自身が罪であるかのような、「殺せ」とまで言われるようなそういう憎悪の対象なってしまう。それは差別とはまた違う憎悪なんですね。憎しみです。「殺せ」っていう話です。こういう感覚が今、日本だけじゃなくて世界を覆っていて、これが世界の政治をいろんな意味でおかしくしています。

アメリカではそれが移民の問題になっています。貧困層というよりもそれを移民という言葉に置き換えればトランプの主張になるわけですし、ヨーロッパでも同じく移民の問題があります。日本では貧困の問題であり、あるいは安倍総理を支える勢力はこれを在日の人たちに振り向けることになります。いずれにしてもターゲットを設定してそのターゲットを叩く。そこに分断を持ち込む。そういう政治がトランプから橋下徹氏まで通じる共通の姿であったのです。

安倍政権にしても「維新」の知事や市長にしても、そういうなにか嫌な空気の中から出てきている。このことを私たちは共通の理解としておき、こういうものと闘っていく必要があるのです。まさにシンママ大阪応援団などはこういう空気と闘っているのです。ですから代表理事の寺内順子氏などはまさにそういう空気をひしひしと感じながら、こんな空気の中で泣き寝入りしていけないんだということで、政治の場ではないですが、大阪というこの場所でこういうものと一生懸命たたかっている。彼女を支えているのは「やさしさ」です。これをいま本当に取り戻していかないと、社会が腐っていくでしょうし、それをなんとかしていくことがとても大事だと思います。

「生産性」で人間を測る社会

実は以上のようなことは長谷川豊氏のようなまだ政治家になってないような人が言っているだけではなくて、この国の副総理も同じことを言っています。彼は同じ発言を何度も繰り返していますが、なかなか問題になりません。普通はこんなことを言えばクビになると思うのですが、たとえばこんな発言をしています。

『自分で飲み倒して運動も全然しない（で病気になった）人の医療費を健康に努力している俺が払うのはあほらしい、やってられん』と言っていた先輩がいた。良いことを言うなと思って聞いていた」（２０１８年10月23日閣議後の記者会見）。さらに２０１３年４月の都内の会合でも「食いたいだけ食って、飲みたいだけ飲んで糖尿になって病院に入るやつの医療費は俺たちが払っているんだから、公平じゃない」とも発言しました。このように同じような内容の発言を繰り返していますから常習犯です。そしてこれが「殺せ」ということになると長谷川豊氏ですが、こう言っちゃうともう一歩手前です。

そしてこういう空気が、例えば杉田水脈議員の「ＬＧＢＴには生産性がない」という発言、つまり「子どもを産まない人間になぜ補助をしないといけないのか」ということにもつながってくるし、「生産性がない人間に補助をするのはおかしい」ということをそのまま引きずっていくと、重度障害者は生きている価値がないという考えのもとに起きた神奈川県のやまゆり園の事件にもつながっていきます。

弱い人、助けが必要な人、いろんな意味で困難を抱えている人たちに対して、やさしく手を差し伸べようとしない人もいるかもしれないけど、しないどころかそういう人たちを憎んでどうするんだということです。憎悪を向けてどうするんでしょうか。今、そういうことがなにか当たり前になってきて、それを公然と言うことで選挙に出て支持を得ようとする。こういう変な政治が今、世界を覆っている。その嫌らしさのようなものをみんなが感じ取ることが大事です。そしてそれはどこかで止めていかないといけない。これがいまの政治の有り様です。政治の仕組みがどうなっているかという話も大事ですが、それよりもみなさんの暮らしの問題も含めて、こういう雰囲気が漂う社会というものがとても気持ち悪いし、みんなを住みにくく、生きにくくしている。

筆者撮影

ポスト真実の政治を問う

さて大阪にはこういう光景がいくつもあります（写真）。タワーマンションの足元に長屋がある。この長屋にお年寄りや生活が苦しい人たちのささやかな暮らしがあります。それをこのマンションから眺めていると、やがて見くだすようになってくるのでしょうか。このような貧富の格差が明確に可視化されている街、それが大阪であり、先にお話したような問題が深刻になっています。

そしてこのような分断の政治の下では、真実というものが価値を持たなくなる。それが例えば「維新」について言えばこういうことです。私たちは政令指定都市大阪がなくなることを問題にし、それが特別区に分割されることを問題にしています。だけど「維新」の知事や市長はテレビで公然と「大阪はなくならない。この地面がどうしてなくなるんですか」と言うのです。政令指定都市大阪がなくなるということを問題にしているのに、大阪の地面はなくならないという話に平然とすり替える。そして「四つに分割する、五つに分割する、どこで分割するんですか、地面にひびでも入って割れるんですか」ということを言う。つまりこういうとんでもない話、まさにポスト真実ということなのです。こういうことが幅を利かし、こういうことを言えば喝采が送られる、そういう政治になっている。もはや真実そのものには何の価値もないというような政治が展開しているわけです。

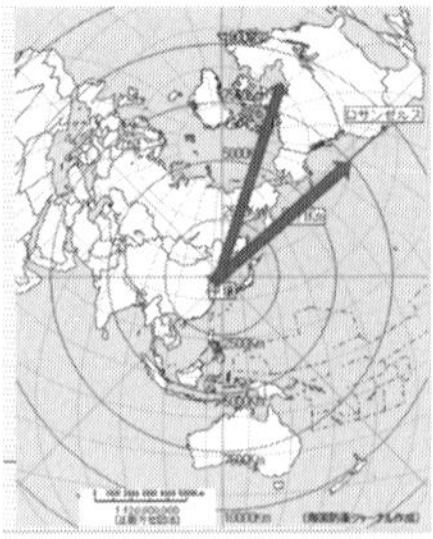
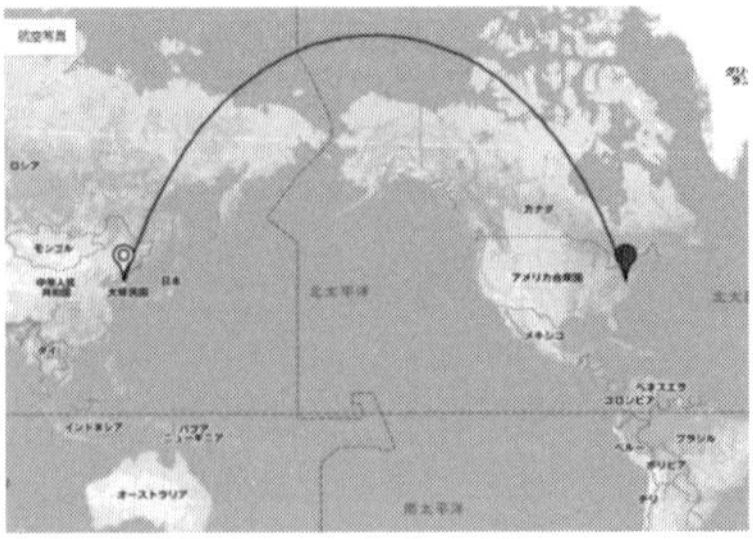
出所：筆者作成 PowerPoint より

分断をすすめる政治が行われれば当然、その分断された相手と共有すべき真実などないという態度が生まれてきます。ですから私たちはずっとこういうフェイクに晒されてきたわけです。つまり北朝鮮からアメリカに向けて発射されたミサイルは日本の上空を飛ぶというフェイクです。

このメルカトル図法の地図（右頁の左図）だけがメディアで流されました。しかし、こんなことはあり得ないのです。北朝鮮から打ち上げられたミサイルは日本をかすりもしない、まったく別方向に飛んでいくわけです（同右図）。先に見たように北朝鮮の核とミサイルの脅威がなくなった瞬間に安倍総理の改憲の口実が消えたわけですが、そもそもその改憲の口実自体が真っ赤なウソに基づいていたわけです。北朝鮮の発射したミサイルがアメリカに到達する過程で日本の上空を飛ぶという全くのデタラメ、これが改憲の理由だったのですから。

私たちがこのごく当たり前の地図を示すだけで、本当は安倍総理のウソを打ち破れるはずなんです。けれどもネット上をいくら探してもこういう地図は出てこない。これがまさにポスト真実ということです。問題なのは、いまだにこれに基づいてイージス・アショアの議論が行われていることです。本当になんとも言いようのないポスト真実の姿です。

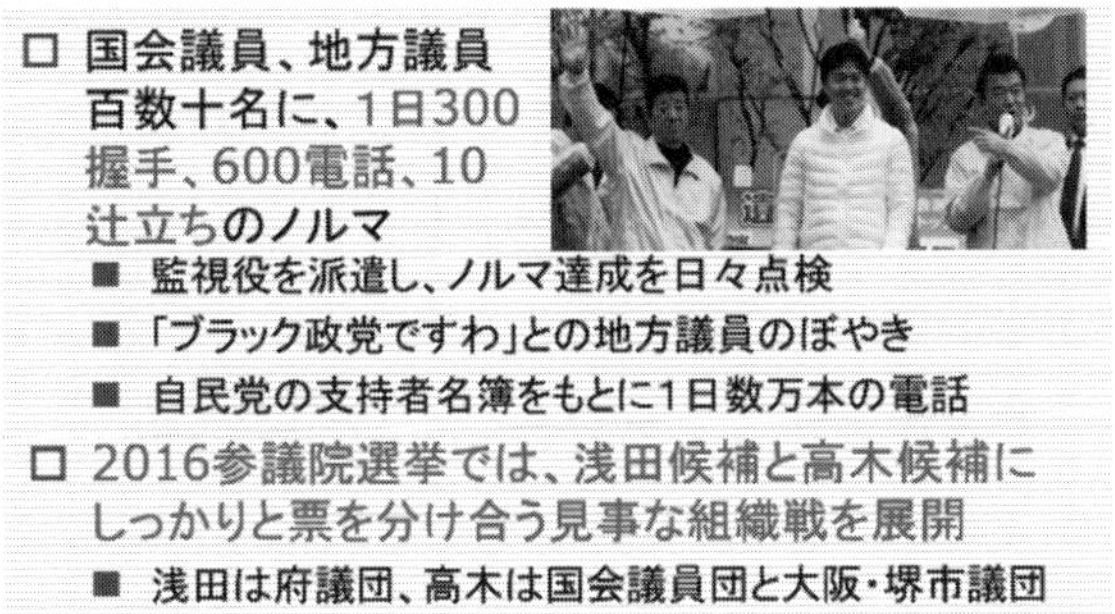
□ 国会議員、地方議員百数十名に、1日300握手、600電話、10辻立ちのノルマ
■ 監視役を派遣し、ノルマ達成を日々点検
■ 「ブラック政党ですわ」との地方議員のぼやき
■ 自民党の支持者名簿をもとに1日数万本の電話
□ 2016参議院選挙では、浅田候補と高木候補にしっかりと票を分け合う見事な組織戦を展開
■ 浅田は府議団、高木は国会議員団と大阪・堺市議団
出所：筆者作成 PowerPoint より

分断を組織、固定化した「維新」

「維新」はこういう分断を、組織化し固定化することに成功したある種の組織勢力です。住民の中に潜んでいた分断を顕在化させ、長谷川豊氏のように煽りたて、それで中堅サラリーマン層や自営上層の中にある「勝ち組」的気分・感情を煽り、組織化することに成功しました。

でも本当に大阪にそんな中堅サラリーマン層や自営業者層が大量に住んでいるのでしょうか。仮にも大阪は日本第二の経済都市です。タワーマンションに住んでいる人たちはその多くが必ずしも大阪出身者とは限りません。東京に本社のある大企業に全国から就職してきた人たちがたまたま大阪に来ていることもあります。ですからその人たちに「大阪の街をなくさんといて」と訴えてもなかなか通用しない。彼らはひたすら自分たちだけが高い税金や保険料を払わされて、それをあの大阪のクソ貧乏な年寄りどもに食いつぶされているという被害妄想に陥っているのです。この構造とどう立ち向かうのかが問われています。

「身を切る改革」＝新自由主義改革を
支持する層を組織する組織政党へ①
□ 参議院大阪選挙区（2016）
■ 自民・松川 761,424
■ 維新・浅田 727,495
■ 公明・石川 679,378
■ 維新・高木 669,719
■ 共産・渡辺 454,502
■ 民進・尾立 347,753
□ 松井知事の200万からすれば、140万は少ないが…
浅田
高木
かおり

出所：筆者作成 PowerPoint より

「身を切る改革」＝新自由主義改革を
支持する層を組織する組織政党へ②
□ 参議院大阪選挙区（2019）
■ 維新・梅村 729,818
■ 維新・東 660,128
■ 公明・杉 591,664
■ 自民・太田 559,709
■ 共産・辰巳 381,854
■ 民進・亀石 356,177
□ 1,397,214⇒1,389,946
投票率52.23%⇒48.63%
梅村
みずほ

出所：筆者作成 PowerPoint より

「維新」はそういう「勝ち組」的気分・感情を、百数十人の地方議員に1人が1日600本の電話を掛けるというノルマを課すこと、つまり1日当たり8万本の電話を掛けるという活動を通じて組織してきました。だけどこの本を読まれているみなさんにはおそらく掛かってはこない。残念ながらみなさんは「維新」の電話の対象者名簿には入っていないのです。私たちは相変わらず無差別に電話をかけていますが、「維新」はそんな消耗戦はしません。自分たちの名簿に従って電話をしますから、そもそも名簿に入っていない人に「維新」から掛かってくることはまずない。私が８００～１０００人規模の集会で「維新から電話が掛かってきた人？」と問いかけても、ほとんど誰も手を挙げません。いたとしても10人もいない。それが現実です。

こういう名簿に従って徹底的に電話を掛けるやり方で「維新」は、「勝ち組」的気分・感情を抱いた層を確実に組織してきました。その現れがこの表（右頁の上図）です。維新はこの２０１６年の参議院選挙大阪選挙区で１４０万票という得票を、直前まで堺市の自民党の市会議員だった高木かおり氏に約67万票、残り約73万票を「維新」の草分けである浅田均氏と分け合うように獲得させました。これは見事な組織力の発揮と言えます。これが偶然こうなったのだと思う方もいらっしゃると思いますので、次にこの表（右頁の下図）を見てください1回だけなら偶然ということもありうるでしょうが、２

大阪12区補選、堺市長選
□ 大阪12区
□ 2017年総選挙
■ 北川知克 71,614
■ 藤田文武 64,530
■ 松尾正利 22,858
□ 2019年補欠選挙
■ 藤田文武 60,341
■ 北川晋平 47,025
■ 樽床伸二 35,358
■ 宮本 岳 14,027
□ 堺市長選
□ 2013年
■ 竹山修身 198,431
■ 西口克敏 140,569
□ 2017年
■ 竹山修身 162,318
■ 永藤英機 139,301
□ 2019年
■ 永藤英機 137,862
■ 野村友昭 123,771

出所：筆者作成 PowerPoint より

出所：筆者作成 PowerPoint より

回も同じような数字が出てくればとても偶然とは言えない。これを見れば「維新」がガチガチの１４０万の組織票を持った勢力だということは、もはや疑う余地はないでしょう。

この１４０万の人たちとは、いったいどういう人びとなのでしょうか。それは先ほども言いましたように「煽り」によって作られた「大阪の年寄りや貧乏人が俺たちの税金や保険料を食いつぶしているのは許せない」という気分・感情に基づき、選挙のたびに電話がかかってくるという形で組織された１４０万人だということになります。「維新」はこのようにして勢力を作り上げてきたのです。２０１４年と２０１７年の衆議院総選挙の大阪府下19選挙区における「維新」の得票数の推移はどの選挙区でも判で押したような得票になっています。また堺市長選挙について見ても、これも政治状況がどう変わろうと、竹山修身氏が勝った時も、再選した時も、同じく不明朗な会計問題で失脚した時も「維新」の獲得票はピタッと判で押したような結果です（前頁の上図）。

では、この「維新」の得票結果からわかることは何でしょうか。それはたとえば堺市であれば、14万票という数字を超えることさえできれば「維新」に勝てるということです。「維新」の得票はこの数字以下にはならないけど、これ以上にもならない。つまり市民を分断して、その分断した市民の一方をガチガチに固めることで勝ってきた。大阪市の場合を見ても「維新」の得票は60～66万票で、都構想住民投票では投票率が約67％の高さまで上がった結果、負けています（前頁の下図）。つまり投票率が上がれば、「維新」に勝つ展望が開けてくることになります。そうすると約70％の投票率あたりが一つの目標になるのではないかと思います。つまり維新に勝つために必要なことは、なによりも投票率を上げること、それ以外にはないのです。

□ 2016参院選：投票率 54.70%←52.61%（前回2013）
■ 10代の増加分を除けば、前回参院選より380万票程の増に止まる
■ 今回も「風」は吹かず、止まったまま
■ 2000万の大量棄権層の大半は、今回も棄権に止まった
□ 衆参比例区での得票の推移
自民 2011←1766←1846←1662←1407←1881←1654←2589
公明 757 ←731 ←757← 712 ←764 ←805← 777 ←898
維新 513 ←838← 636←1226
民進 1175 ←978 ←713 ←963←1845←2984←2325←2104
共産 602 ←606 ←515 ←368 ←356 ←494← 441 ←491
□ 自民の増加分は旧次世代・旧維新からの出戻り？
出所：筆者作成 PowerPoint より

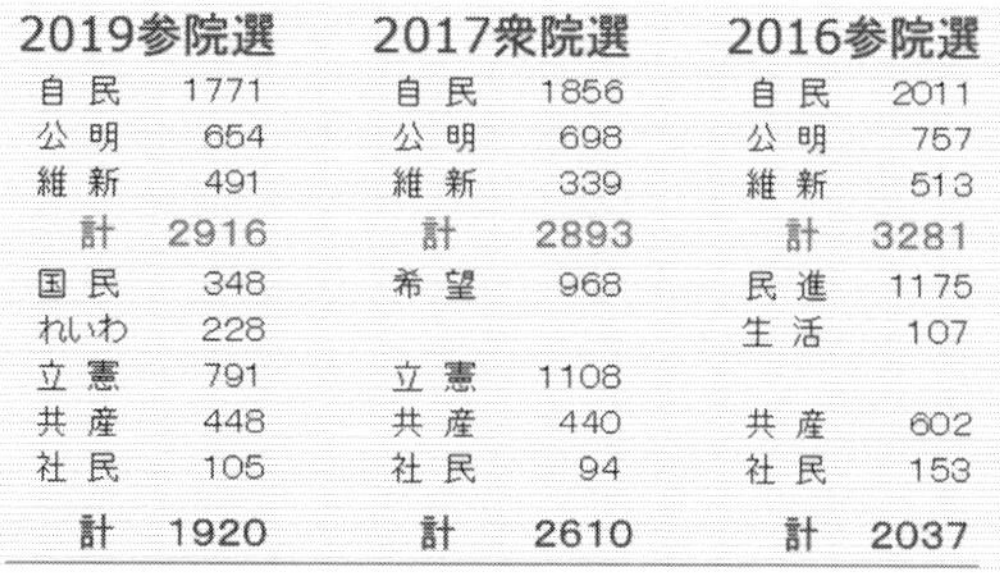

2019参院選		2017衆院選		2016参院選	
自民	1771	自民	1856	自民	2011
公明	654	公明	698	公明	757
維新	491	維新	339	維新	513
計	2916	計	2893	計	3281
国民	348	希望	968	民進	1175
れいわ	228			生活	107
立憲	791	立憲	1108		
共産	448	共産	440	共産	602
社民	105	社民	94	社民	153
計	1920	計	2610	計	2037

出所：筆者作成 PowerPoint より

２０００万人の大量棄権層が生まれた

実は日本の国政全体も同じようなことになっていると言えます。２００５年衆議院選挙から２０１９年参議院選挙までの国政選挙の投票動向を見ますと、「維新」ほどはガチガチに固めきっていませんが、自民党の得票数もピタッと１８００万票前後で推移しています。かつて小泉純一郎政権で獲得した約２６００万票というようなことはもうあり得ません。問題は民主党政権ができた時です。この時の投票率は約70%でした。この時は約３０００万人が民主党に投票しました。しかしその後、そのうちの２０００万の人びとが急激に民主党から離れていった。その人たちは共産党にも来ていない。「維新」には一時的に浮気をしたが定着しなかった。つまりこの２０００万人のほとんどが棄権して、投票率が50%前後に落ちているというのが今の現実なのです。

この人たちは民主党による政権交代に期待しました。つまり自民党にはもう戻りません。一度民主党に期待したけれど裏切られてしまった。その裏切りによって政治そのものに失望してしまい、それ以来棄権に回っている。これによって自民党は得票力を落とし、今では１８００万票前後しか得票できない政党になり果ててしまっているにもかかわらず、投票率が50%前後に留まっていることに支えられて勝ち続けている。これが現実です。つまり安倍政権の下で自民党もまた分断を進め、その分断した一方の側をガチガチに固めてその組織力で選挙を乗り切って来た。だけど維新と同じように一定の数を超えることはできない。この1800万票が一つの上限になっています。

政治の力関係を逆転するためには

いまの自公の政権与党と「維新」、つまり改憲勢力が取れる得票数はこの表（前頁の下図）にあるとおり約3000万票です。彼らは、これを大きく上回る力はもはや持っていない。ところが私たち市民と野党の共闘の側は、それよりもさらに低くて約2000万票に留まっている。しかしここに棄権に回っている2000万の人びとが選挙へと戻ってくれれば、彼らはもう自民党や公明党や「維新」には入れないので、純粋に1000万、2000万と野党の側に足されることになります。投票率を上げれば上げるだけ市民と野党の共闘の側は優位になるということです。その分岐点はどのあたりになるのか。それは投票率60%。約1000万の人がここにプラスされれば、いい勝負になり逆転の可能性が出てきます。つまり、かつて民主党政権に期待して裏切られ失望して選挙から遠ざかっていた人たちの約半分が戻ってくれれば、政治の力関係が逆転することになるわけです。

自民党が圧倒的に強いように思われるかもしれませんが、実は安倍政権も長期政権を続ける中で、「維新」がそうしてきたように分断を固定化してきました。こうして分断が固定化される中で、何があっても安倍政権から離れないガチの支持層がおそらく1千数百万票にのぼるのだと思います。この人たちは例えば、先ほどの避難所からホームレスを追い返したという話でも、普通ならば「なんてことするんだ！」と抗議するのが当たり前のことなんだと思いますが、そうしないで「税金を払っていない奴になんで避難所を使わせなきゃいけないんだ」というようなコメントを書き込み、ネット上でワーッと拡散させ、もう何が何でも安倍政権を守っていかなければならない、そう思って動いているのです。そういうネット上の自民党サポーターたち、あるいはネトウヨと言われるような人たちの反応を見るにつけ、こうした分断がかなり固定化されてきていて、何があっても安倍政権からは離れない、そういう層ができ上っていることがわかります。

その結果、内閣支持率は下がりません。モリ・カケ問題のようなことが起こっても下がらない。30％を切ることがありません。こういう支持層を固めることができているので、低投票率でしか勝てないという構造になっているわけです。70％の投票率というとすごい投票率だと思われますが、かつては当たり前のことでした。だけど安倍政権がスタートしたあたりから投票率はグッと下がりました。なぜ下がったのかということですが、もちろんメディアが選挙報道をしなくなったこともあるでしょう。安倍政権になってからメディアが選挙について報道する時間が軒並み少なくなっています。国民の関心を政治から逸らして、選挙になっても選挙の報道をしない。そうして低投票率にすることによって勝ち残ってきた。これが安倍政権にも、「維新」についても同じように言えるということです。

野党連合政権めざす勝利の方程式

では、投票から遠ざかっている人たちにどうやって投票に行ってもらうのか。それが大きなポイントになってきます。今、投票率はだいたいどの選挙でも50％ぐらいです。その50％のうちの6割、30％の人が自公維に投票しています。残念ながら立憲野党に投票する人は20％。この力関係はこの投票する人びとが50％に留まりつづける限りは逆転できません。けれどもそれ以外の人たちが投票に来てくれれば逆転できます。

その投票に行かない人たちには二種類あります。一つは、かつては民主党による政権交代に期待して投票率を70％にまで上げたけれども、民主党政権に裏切られて政治そのものに失望してしまった人たちです。つまり大量棄権層としてこの10年間ぐらい棄権し続けている人たちです。この人たちの半分が立憲野党側に戻ってくれれば、五分五分の闘いになります。さらに全員が戻ってくれれば圧勝です。それからもう一つ、それが残り30％の無関心層です。この無関心層、例えばハロウィンなんかで渋谷の街で盛り上がっている人たちのことを想像し、この人たちをどうすれば選挙に連れて行けるのかと諦めてしまっている向きも多かろうと思います。しかし先ほど言いましたように、こ

出所：筆者作成 PowerPoint より

の30％のもしかしたら半分ぐらいの人びとは、ハロウィンで盛り上がっている人たちではなくて、その真逆で政治に関心を持つ余裕もゆとりも奪われている人たちかもしれないのです。

私たちにはハロウィンで盛り上がっている目の前の若者たちの姿しか見えませんが、しかし、それよりはるかに多くの若者はハロウィンには参加していません。明日の暮らしに不安を抱える若者がハロウィンで盛り上がれるはずがありません。私たちは本当の若者の姿を見ているのでしょうか。明日の暮らしもままならない、貯蓄ゼロ、保険ゼロで暮らしている。子どもが病気になったら明日のごはんが食べられるかどうかわからない。そのように政治に関心を持つゆとりもなければ、余裕もない人たちをなんとか連れてくることができれば、私たちはさらに市民と野党の共闘の側に大きな票を積み増すことができるのです。

つまり二つのターゲットがある。一つは、民主党政権に期待したけど裏切られて失望してしまった人たち。その人たちの胸にもう一度希望の灯をともすこと。どうしたら希望の灯をともしてもらうことができるのか。今度はちゃんとした政権を作るよ、というメッセージが送れるかどうかです。だからこそ野党連合政権という展望が大事であり、野党共通政策が大事なんです。こういうものがちゃんとある、だから安心してほしい。そして今度は民主党単独ではないということ。市民と野党が共同して、みんなで連立・連合を組み政権を獲得していくのだということを、どれだけ説得力を持って語れるか。これによってこの20％の大量棄権層の足を投票所に向けてもらう。そしてもう一方で、本当に生きづらさを抱えている人たちに、「生きていてもいいんだ。そして本当の政治はあなたがたに再分配によって光を当てること。それが本来の政治なんだ」ということをちゃんと語っ

出所：筆者作成 PowerPoint より

ていく、それができれば政治に関心を持つ余裕を奪われてしまった人たちを、市民と野党の共闘の側に少しでも連れてくることが可能になるのだろうと思います。

これこそが、私たちが政権を獲得することができる勝利の方程式なのです。決して力関係的に無茶苦茶なことを言っているわけではありません。しっかりした根拠に基づいて、この力関係を逆転できる展望があると言えるのです。ただそのためには今のままでは難しい。

キーワードは「真実」と「寛容」

世界では先ほど説明したような構図の下、99%の側がなんとか共同して対峙をするという闘いが進んでいます。アメリカでは、その主役はバーニー・サンダース、イギリスでは、手痛い敗北を喫したものの政権を総選挙に追い込んだジェレミー・コービン、スペインではポデモスも連立政権に入っていますし、またイスラエルではベニー・ガンツが政権を獲得することができるかどうかなどの闘いが行われています。

このように幅広い共同によって政権を作っていくこと。そのキーワードは何でしょうか。それは

「ポスト真実」に対する「真実」と、そして「寛容」です。安倍政権や「維新」の分断や排除や憎悪、先に見た腎臓透析患者に向けられた「殺せ」というまさに憎悪ですが、こういう「不寛容」に対して私たちが「生きていてほしいんだよ。共に生きたいんだ」と、そういう「寛容」のメッセージをどれだけ送り届けることができるのか、それが問われているのだと思います。

野党統一候補実現で投票率がアップ

日本では「野党は共闘！」という市民の声によって実現し、いろいろ右往左往しながらも市民と野党の共闘が発展してきました。それが初めて試されたのは2016年参議院選挙でした。ではこの共闘がどういう力を発揮したのか改めて確認しておきましょう。

まず青森で野党統一候補が勝ち、そこでは投票率が9％上がりました。先ほどの説明に戻れば、この9％とは、民主党に愛想を尽かして政治に失望して棄権していた人たちの約半分が、選挙に戻ってきてくれたということです。この間、約20％の人たちが投票から遠ざかりました。しかしその20％のうちの何％を取り戻せたのかということが、この投票率の上昇分になります。そして、愛媛では7％というように各選挙区で投票率が上がっている。投票率が上がると野党統一候補が勝つ、あるいは愛媛のように負けたけど大接戦を演じるという結果になっていました。これが2016年参議院選挙でした。

そしてもう一つ、おもしろいのは野党統一候補が立つと、比例区では自民・公明・維新と書いた人がなぜか裏切る。裏切って選挙区では野党統一候補に投票する。つまり比例区で共産・民進・社

2017年、新潟の衆院選小選挙区の構図　**当選**

1区	自民	×	**立憲民主**		
2区	自民	×	共産	×	**無所属**
3区	自民	×	**無所属**	×	無所属
4区	自民	×	**無所属**		
5区	**自民**	×	無所属	×	諸派
6区	**自民**	×	無所属		

作成：編集部

民と書いた人よりも選挙区で野党統一候補に入れた人が圧倒的に多いということです。それは裏返せば比例区で自民・公明・維新と書いた人が裏切ったということになります。ここでどれだけの人が裏切るのかということが大きなポイントになります。現に２０１６年の参院選では、公明党支持者＝創価学会員の４分の１が裏切ったことが明らかになっています。ですからこれをもっともっと拡大していけば野党統一候補が勝てるということになります。

２０１７年総選挙の結果でも同様なことが見られます。この選挙の投票日には台風が日本列島を縦断し、当然投票率は53・7％と低かった。だけどなぜか新潟だけは62・56％と10％も全体より高かった。その結果何が起こったでしょう。六つの小選挙区のうち、四つで野党候補が勝ちました。つまり新潟では3分の2の議席を野党が獲得し、政権交代が実現したということになります。これと同じことがすべての都道府県で起きれば政権交代が可能になるということです。そしてそのための条件が投票率60％の実現です。新潟と言えば、あの田中角栄氏の新潟ですから、こうしたことは日本中どこで起きても不思議ではありません。自民党がどんなに強い所でも起こり得るわけです。私たちはここに勝利の展望を見ることができます。

２０１９参議院選挙はほろ苦い勝利

さて安倍総理は２０１７年5月に9条改憲の挑戦状を突き付けてきました。なぜその挑戦状を突き付けてきたかというと、２０１６年の参院選の結果、改憲発議に必要な3分の2を衆参両院で獲得することに成功したからでした。つまり衆議院も参議院も改憲勢力が3分の2を超えたのは初めてのことでした。ですからまさに「改憲の機は熟してきた、必ず一歩を踏み出す」（２０１７年5月1日「新憲法制定議員同盟」大会）と言いました。でもその「改憲の機が熟した」理由は、実は２０１３年の参議院選挙で野党がバラバラに闘い大敗北をしていたからです。この時に89議席という信じ難いような数を改憲勢力が取った。この貯金があったために、２０１６年の参院選で、3分の2の議席を改憲勢力が確保できたというわけです。けれどもこの貯金は、「阪神の貯金」のように、２０１９年参議院選挙で消えてなくなる運命を迎えます。２０１３年と同じように87議席ぐらいを取らない限り3分の2を維持できないことは最初から見えていました。ですから、私たちは石に噛り付いてでも3年間闘い抜くこと、この3年間で絶対に改憲発議を許さないこと、そして２０１９年の参院選では改憲勢力3分の2を絶対に許さないこと、これを目標にこの3年間を闘ってきたわけです。

その闘いはほろ苦いけど勝利に終わりました。なぜほろ苦いかというと、投票率を上げられなかったからです。投票率を上げて勝つことができれば、それが私たちの本当の勝利でした。けれども投票率を下げてしまった。その意味でほろ苦い勝利でした。ただ２０１９年の参議院選挙で3分の2を割らせることが当初の目標でしたので、私たちはこれをなんとか果たすことができたということになります。このことは大いに喜び合いたいと思います。しかし来るべき総選挙では、ほろ苦い勝利ではなくて、完全なる勝利を勝ち取らなければなりません。

ギリギリのところから逆転へ

その背後にあるのが安倍政権の下での改憲に反対だという声が6割もあるという事実です。にもかかわらず私たちは一時、まったく目を覆いたくなるような敗北に晒されそうになりました。そのことを忘れないでおきたいと思います。それは、この「緑の狸」さんが突如現れて、民進党の人たちがそれに翻弄され一夜にして崩壊し、野党共闘が完全に消えてなくなる、そのギリギリのところまで追い込まれたという事態でした。ではその時、どうして逆転できたのでしょうか。そのキータムが「排除いたします」という言葉だったことを改めて確認しておきたいのです。

出所：フジテレビ「グッデイ！」(2017年9月29日)

私たちは何を対立軸として闘っているのかということです。「不寛容」と「寛容」との闘いをしている時に、「緑の狸」さんは何を思ったか記者会見で、民進党からの合流組の一部を「排除いたします」と自ら発言してしまったのです。そしてその瞬間に一気に流れが変わりました。そのことを通して日本の国民は健全なんだということに私たちは確信を持ったわけです。その瞬間に、「緑の狸」さんの希望の党の勢いはあっという間に消えてしまいました。というのもそれまでメディアはこぞって小池百合子氏が首相になるかのような報道をしていたのですから、まさに歴史的な失速で奈落の底に落ちてしまったわけです。これがいったい何によってもたらされたのかということを私たちはもう一度思い出す必要があります。そういう意味で、日本の国民を大局的には信頼すべきだと私は思っています。

その中から立憲民主党が立ち上がり、曲がりなりにも２４９の選挙区で野党統一候補を立て選挙に臨みました。結果はもちろん勝てませんでしたが、この時に「排除」という一言で形成が逆転していった。それをもたらしたものは何だったのかというと、オセロゲームに例えれば、角の一つの白石を必死で守り抜いていた市民がいたからこそのことだったということです。それがいまの勝利につながり、これから野党連合政権に発展していく一つの希望と言えるのです。例えばこの時大阪でも平野博文氏（大阪11区）に対して、枚方の「安保関連法に反対するママの会」のママたちが「行かないで」と電話を掛けて止めていました。そういうことが各地で行なわれ、そしてその結果をいま現在の時点で見ると、長嶋昭久氏と細野豪志氏以外はほぼ全員が市民と野党の共闘の側に戻ってきています。結局、あの「緑の狸」の騒ぎは何だったのか。あの時、あっちに行きたいと思った人たちのほぼ全員が戻ってきて、しかも立憲民主、国民民主、社民各党と衆院会派「社会保障を立て直す国民会議（社保）」が統一会派を組んで、言ってみれば元の鞘に収まっている。そのように逆転できたのが何だったのか、その逆転を勝ち取った力はどこにあったのか、改めて確認しておいた方が良いと思います。

どうしようもない政権を支える低投票率

その後、安倍政権によるデータ捏造、決裁文書改竄、イラク日報隠蔽、毎月勤労統計不正…いろんなことがあり、国会を開くと審議できないというように安倍政権はジレンマに陥っています。つまり国会を開かないと憲法審査会は開けない。だけど国会を開くと憲法審査会どころじゃなくなる。これがこの3年間、ずっと続いています。２０１９年12月に終わった臨時国会もそうです。７月に参議院選挙が行われ10月までサボってきた。しかも開いた瞬間に大臣の首が二つ飛んだ。そして憲法審査会がようやく開かれると思った日に、萩生田光一文科大臣の英語試験中止表明のために、それも開けなくなった。結局、国会を開かなければ憲法審査会は開けないけど、国会を開くと憲法審査会どころじゃなくなるという、このどうしようもない政権がなぜこんなに生き延びているかというと、それが先ほど述べたように何があっても安倍政権から離れない、そういうガチの支持層を分断の結果固めて、あとは投票率をひたすら下げることで勝ちぬいてきた。これが、安倍政権が続いている秘密です。

しかし、この臨時国会の中で明らかになった安倍総理主催「桜を見る会」をめぐる数々の疑惑は、この様相を変えつつあります。権力の私物化と隠蔽、捏造、改竄をこととする安倍政治の総決算ともいうべきこの疑惑は、安倍総理自身の公職選挙法違反、政治資金規正法違反、財政法違反、さらには反社会勢力との関係などなど多方面に及び、予算委員会の開催を拒絶することで野党議員からの直接の追及をなんとか逃げ切ることしかできませんでした。この間、頼みの内閣支持率も急降下し、２０２０年の通常国会冒頭解散もできぬまま、予算委員会における野党の猛攻に右往左往することとなっています。

13項目の野党共通政策

ここまでお話したことがわかってくれば、私たちの闘い方は非常にはっきりしてくるはずです。

２０１９年の参院選において市民と立憲野党は、最初は4項目だった共通政策を13項目まで拡大することに成功しました。そして31の選挙区で統一候補を立て、結果は10勝22敗でしたが、それでも何とか改憲勢力が3分の2を取ることを押しとどめることができました。しかし何度も言うように、それは投票率を上げることができなかったという点で、ほろ苦い勝利でしかありませんでした。私たちが勝つ唯一の展望は、投票率を上げることにあるからです。でもなんとか初期の目標は達成しました。この選挙は関ヶ原でした。関ヶ原でまず勝った。そして次は大阪の陣です。今度は本当に勝たないといけない。関ヶ原は小早川秀秋の裏切りによる薄氷の勝利でした。２０１９年参院選は投票率を上げられないほろ苦い勝利に留まりました。しかし、ともかく安倍改憲を止める条件はできた。でも改憲を止めればそれで良いわけではありません。政権を取らない限り、「戦争法」も「共謀罪」も「秘密保護法」も、そして消費増税も、さらに年金も、ここまで安倍政治によって無茶苦茶にされてきたものを元に戻すことはできないわけです。

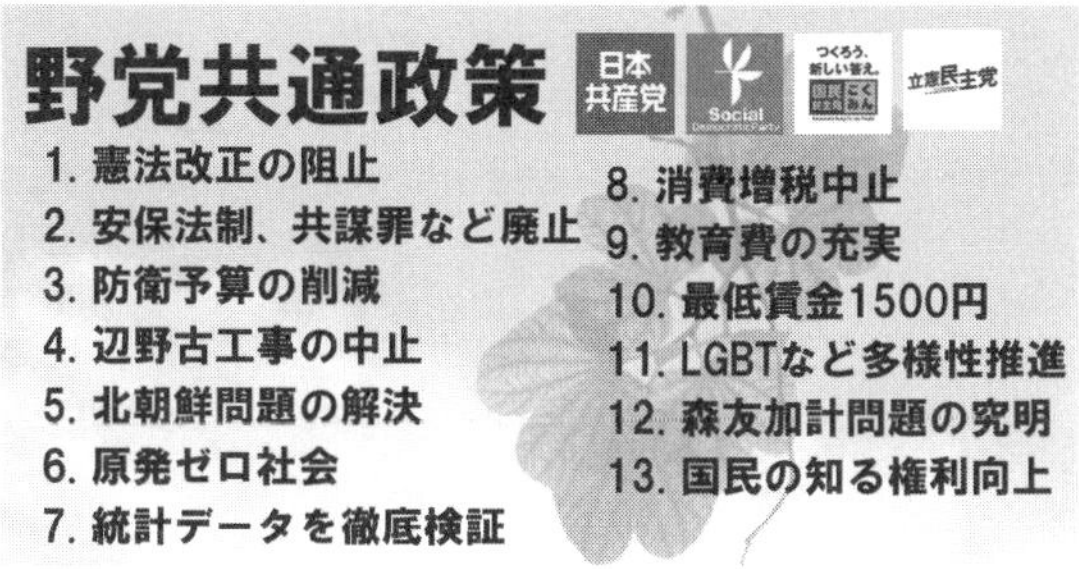
野党共通政策
日本共産党
1. 憲法改正の阻止
2. 安保法制、共謀罪など廃止
3. 防衛予算の削減
4. 辺野古工事の中止
5. 北朝鮮問題の解決
6. 原発ゼロ社会
7. 統計データを徹底検証
8. 消費増税中止
9. 教育費の充実
10. 最低賃金1500円
11. LGBTなど多様性推進
12. 森友加計問題の究明
13. 国民の知る権利向上
出所：応援勝手連のツイッター＃野党共通政策

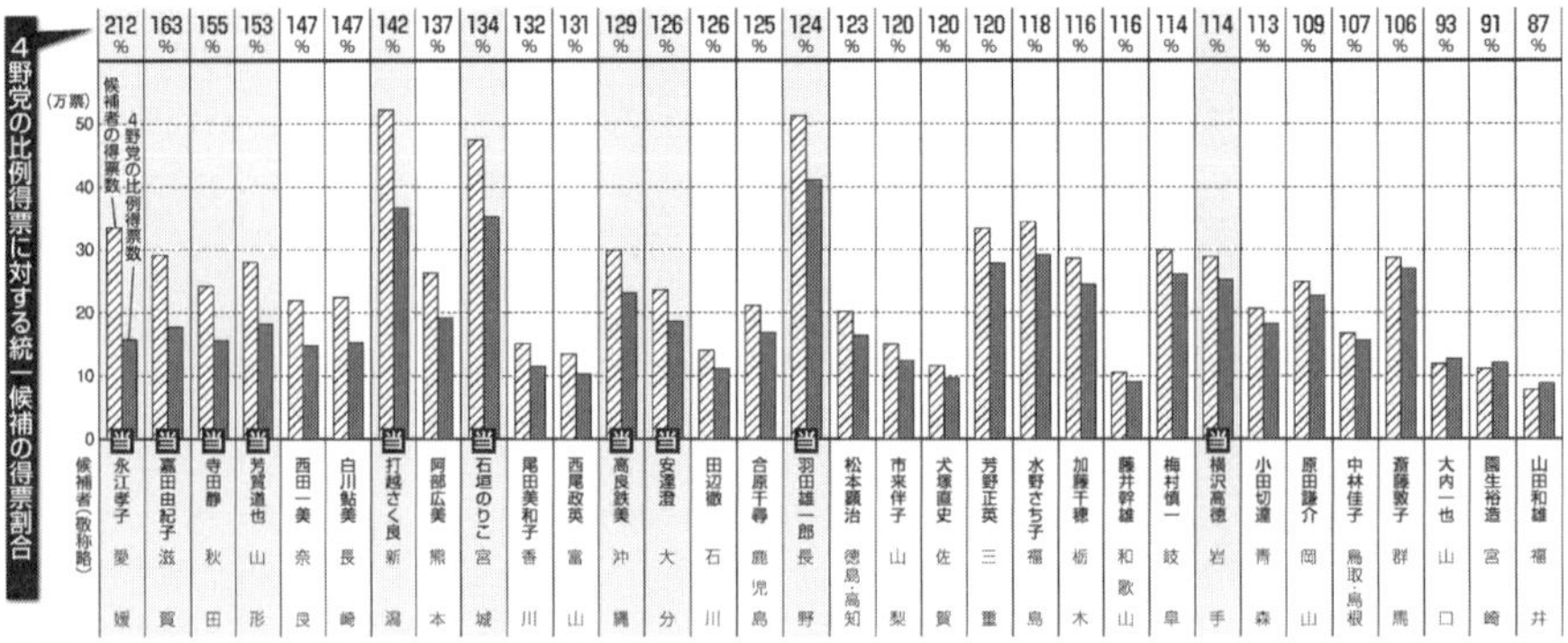

出所：「しんぶん赤旗」2019年7月25日

やはり何があっても政権を取らなければなりません。

２０１９年の参議院選挙でも野党統一候補が立てば、立憲野党の比例票合計を上回る得票が得られることが、改めて実証されました（次頁グラフ）。例えば愛媛の永江孝子さんは２０１６年には比例合計得票数の１７０％を選挙区で獲得しましたが、今回は２１２％も取りました。野党統一候補としての実力がさらに増しているのです。比例区で共産・立憲・国民・社民と入れた人の２倍以上取るということは、どれだけ自公支持層を裏切らせて切り崩しているかということです。こういう力を野党統一候補がすべての選挙区で発揮すれば私たちは、決して負けないのです。

そして、ほろ苦い経験をしたと言いましたが、実は野党統一候補が勝った選挙区だけ見ると、必ずしもそうではないことがわかります。それはまさに勝利の方程式の結果でした。全国の投票率は48・8％でしたが、山形では60・7％の投票率になっています。ですから勝ちました。同じく新潟では55・3％、秋田では56・3％など、勝利したところはみな投票率が上がっています。棄権をしていた人たちが確実に野党統一候補のもとに馳せ参じてくれているわけです。このことにも改めて確信を持ちたいと思います。

注目すべき「れいわ」の闘い

そしてもう一つ。「れいわ」の山本太郎さんが私たちの闘いに本当に大きなヒントを与えてくれました。先ほど言いましたように、生きづらい格差社会の中で、明日の食事にも不安を抱え、政治に関心を持つゆとりや余裕などを失い、そして人間の価値を生産性で測るという風潮の下、自分が生きていることに価値を見出せない、そういう人たちにどうアプローチするかということを見事に教えてくれたのです。彼が教えてくれたことを私たちはしっかりと学び取って、みんながこういうアプローチしていくことができれば、あの無関心層と言われている人たちを大きく政治へと迎えることができるだろうと思います。現に彼は228万票を取ることによってその可能性を示してくれました。ぜひみなさん、YouTubeに残っている山本太郎さんの政見放送をご覧になってください。私はあの政見放送を見て「ああ、やられた！」と思いました。ああ、なぜこういうことを私たちができなかったのか、こういうことだったのか、これに思い至らなかった私はなんてバカなんだと反省しました。

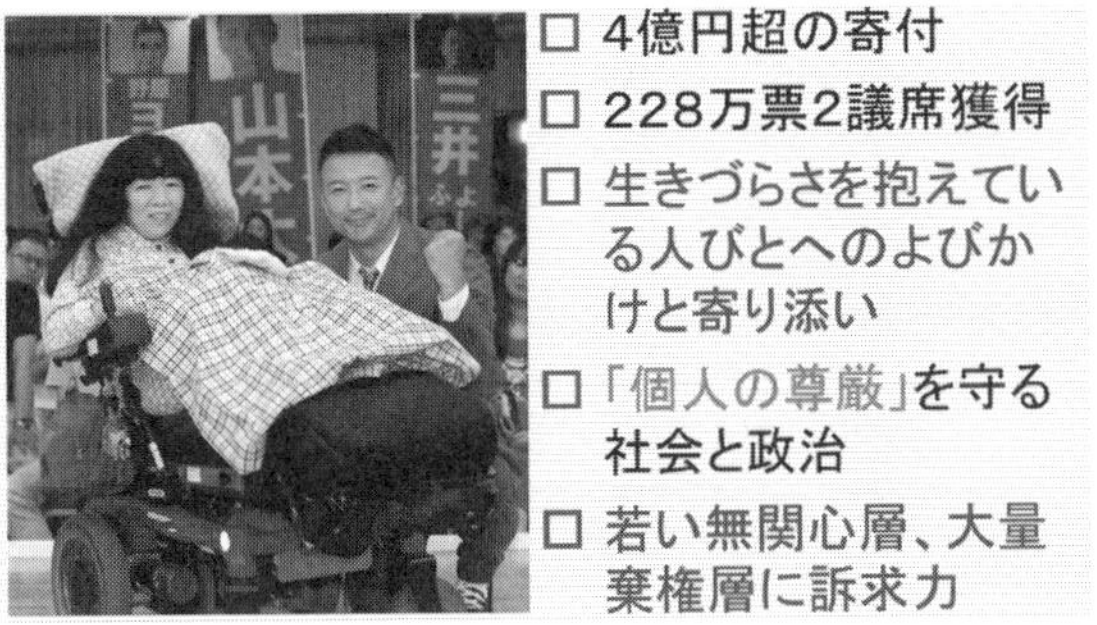
□ 4億円超の寄付
□ 228万票2議席獲得
□ 生きづらさを抱えている人びとへのよびかけと寄り添い
□「個人の尊厳」を守る社会と政治
□ 若い無関心層、大量棄権層に訴求力

出所：筆者作成 PowerPoint より

「みなさん、生きづらくありませんか？　死にたいと思うことありますよね。それは生産性によって人間の価値が測られる、その生きづらさのせいですよね。だけどそれはあなたのせいじゃない。社会がこうしたんです。政治がこうしたんです。だからあきらめないでください。政治をあきらめないでください。あなたと共に生きていきたいのです」

山本太郎さんは、こう呼びかけているのです。私たちはなぜこういう呼びかけができなかったのかなあと思います。どちらかというと上から目線で「お前らが選挙に行かないからこんなことになってるんだ」と毎回言ってきたのではないでしょうか。こうしたアプローチでは、明日もわからない、明後日もわからない、そういう不安にさいなまれて政治から遠ざかっている人たちの心を動かせるはずがありません。そのことを私は山本太郎さんを通じて気づかせてもらいました。

出所：高知県知事選、松本けんじ候補、野党リレー演説会告知

一歩でも二歩でも野党連合政権に近づくために

次の総選挙、それが勝負の分かれ目になります。今度は289、すべてが1人区です。この小選挙区に統一候補を立てること。そしてもう一つ、希望を語るためにもちゃんとした政権構想が必要で、それを実現していきたいと思います。共産党の志位和夫氏が呼びかけ、それを各野党に申し入れ、「れいわ」と社民党がいち早く合意をしています。また地方でもそういう申し入れが進んでおり、革新懇の全国交流会でも活動が交流されました。

そして保守政治家の中村喜四郎さんや立憲民主党の安住淳国会対策委員長の呼びかけで、野党党首会談や政策協議が進められつつあります。また高知県では松本顕治氏が「ここでいっしょに生きよう。

だれ一人取り残さない高知県政へ」をスローガンに統一候補として、闘いを繰り広げました。このようなことを少しずつ積み重ねて繰り返すことで、野党連合政権に一歩でも二歩でも近づいていくこと、これが次の総選挙への課題になることを確認して、みなさんと共に奮闘していくことをお約束したいと思います。

【第2章】

野党共闘と本当の民意、そして安倍改憲との闘い

上脇博之

はじめに

今から四半世紀前の1994年、経済界は憲法改悪を含む国家改造・社会改造を目論み、保守政党に「政治改革」を強行させました。この「改革」(改悪)により、衆議院議員を選出する選挙制度は、準比例代表選挙のような機能を有していた中選挙区制を廃止し、一つの選挙区で一人しか当選しない小選挙区選挙を中心にした選挙制度(比例代表選挙を付加した小選挙区制＝小選挙区比例代表並立制)に改悪されました。また、政治腐敗の温床である企業献金は温存されたまま、税金を原資とした政党助成制度が新しく導入されました(参照、上脇博之『安倍改憲と「政治改革」』日本機関紙出版センター・2013年)。

いずれも議会制民主主義に反する違憲の制度です。日本国憲法は議会制民主主義を要請していますが、今の法律では議会制民主主義が成立していないのです。普通選挙が保障され国会が存在していても、民意を歪曲する衆議院小選挙区選挙・参議院選挙区選挙・政党助成金・企業献金が採用・許容されている以上、議会制民主主義とは言えないからです。

そのような中で、対米従属の財界政党である自民党の執行部は、国政選挙での候補者公認権と日常の政治資金配分権を掌握し、民意を歪曲し自民党を過剰代表させる選挙制度のお陰で、従来の「総合病院としての保守政治」から「福祉国家を放棄した新自由主義という弱肉強食の政治」を強行し、ますます財界政党としての性格を強固にし、また、アメリカの戦争に協力するために自衛隊を海外派兵し、対米従属性を深めてきたのです。

そのような政治を阻止し政権交代を行い真の国民主権政治へと政治を変えるためには、まずは議会制民主主義に反する前述の諸制度を廃止する必要がありますが、それが実現しない以上、野党は、衆議院の１人区選挙である小選挙区選挙で勝利できるよう共闘し、各小選挙区選挙で候補者調整することは不可欠でした。この点は「事実上の１人区」の多い参議院選挙区選挙でも同様でした。

しかし、長年、「共産党を除く」保守二大政党制が目指されました。２００３年には自由党と民主党が合併し、新・民主党が誕生しました。これまでの自公政権が「聖域なき構造改革」により大量の貧困層、とりわけ「働いても働いても生活保護を下回る年収しかないワーキングプア」を生み出し、日本社会を格差社会へと変質させてきましたので、国民の多くは２００９年衆議院総選挙で自公両党を下野させ、民主党中心の連立政権を誕生させました。ところが、民主党は次第に第二自民党化し、社会民主党は政権から離脱し、民主党は国民の期待に応えられなかったため２０１２年衆議院総選挙で大量の票を失い、第二次安倍政権の誕生を許してしまったのです。

健全な野党に消えた「共産党を除く」

今の政治について安倍「一強」と表現されるときがあります。「主権者国民の圧倒的民意に基づいていている政治だ」と思っている国民が少なくないのかもしれません。しかし、それは大きな勘違いです。衆参国政選挙における自公与党の合計得票率は半数の50％に達していませんし、マスコミの世論調査でも自民党の支持率は高い時でも30％台です。

そんな第二次安倍政権は立憲主義の更なる破壊へと暴走しました。多数の国民が反対する中、２０１４年に集団的自衛権（＝他衛権）行使を「合憲」とする「更なる解釈改憲」を強行し、また、翌15年にはその「解釈改憲」（および日米新ガイドライン）を法整備する「安保法制」（＝戦争法）を制定して「立法改憲」まで強行し、立憲主義も民意も蹂躙しました（参照、上脇博之『追及！民主主義の蹂躙者たち』日本機関紙出版センター、２０１６年）。そのうえ、安倍首相は軍事大国化に向け17年5月3日、憲法に「自衛隊を明文で書き込む」「２０２０年を新しい憲法が施行される年にしたい」と表明しました。それゆえ、革新層やリベラル層だけではなく保守層までもが、「安倍自公政権は従来の保守政治ではない」と認識し、安倍自公暴走政治からの転換を叫ぶようになったのです。

そこで、日本共産党の志位和夫委員長は２０１５年9月19日、戦争法が強行成立した直後の記者会見で、「戦争法廃止で一致する政党・団体・個人が共同して国民連合政府をつくろう」「『戦争法廃止の国民連合政府』で一致する野党が、国政選挙で選挙協力を行おう」と提案しました。

その後、野党の間で「国民連合政府」の話し合いには至らなかったものの、「市民と野党の共闘」が進み、２０１６年参議院通常選挙、２０１７年衆議院総選挙、２０１９年参議院通常選挙を中心に野党共闘選挙が徐々に進化・深化しながら実現してきました。この間、国会では、森友学園問題、加計学園問題、「桜を見る会」問題などネット右翼的お友達を違法に優遇する安倍私物化政治の追及も野党共闘として行われています。事実上の与党である「日本維新の会」を除く健全な立憲野党（立憲民主党、国民民主党、社会民主党など）の間に「共産党を除く」というスタンスは消えました。そして今年1月の日本共産党の党大会では、「野党連合政府」（「民主連合政府」）の実現が掲げられ、健全野党からの連帯の挨拶もなされたのです。

以下においては、「市民と野党の共闘」により国政選挙で勝利して「野党連合政府」を実現するために、今後の衆参国政選挙での勝利に向け、２０１９年参議院通常選挙の選挙結果を分析しながら、本当の民意とはなのか、また、その選挙における安倍改憲に対する民意はどのようなものだったのかも分析します。そして国民が反対し続けなければならない安倍改憲の正体とその真の危険性とはどのようなものなのか、論述することにします。

1　安倍「1強」のカラクリと国民の支持を得なかった安倍改憲

(1) 安倍「1強」の内実と「市民と野党の共闘」

２０１９年7月の参議院議員通常選挙（21日投票）の結果は、自民党・公明党・日本維新の会などの改憲勢力が、改憲発議に必要な「3分の2」（１６４議席）を割り、一方で、「市民と野党の共闘」は全国32の「事実上の１人区」のすべてで野党統一候補を実現し、そのうちの10選挙区で大激戦を制して勝利しました。

その6年前の参議院通常選挙（２０１３年）後、安倍政権は「一強」と呼ばれ、一見、安定しているようにも言われてきましたが、この間、国政の舞台では大きな激動がありました。とりわけ、２０１５年の戦争法案は成立したものの、同法案に対する国民的な闘いの広がりがありました。国会で戦争法案に反対した野党共闘は、この運動に応えるために、選挙での野党共闘に発展して前進してきました。

もっとも、その前進も、まっすぐに進んだわけでありません。2017年の衆議院総選挙では、野党共闘を妨害する小池百合子都知事の率いる「希望の党」の結成、立候補があり、野党共闘への大きな逆流とも言える動きもありました。その結果、政党の配置も大きく変わり、2013年、2016年の参議院通常選挙の結果と、単純に比較することのできないものになっています。それだけに、2019年参議院通常選挙の結果は、この間の変化、とりわけ2015年以来の政治の変化のなかで把握することが重要です。

その前提として、まず確認しておきたいのが次の点です。安倍「一強」とか「安倍政権の連勝」と言われてきたこの間の選挙については、「過剰代表を生み出す違憲の衆議院小選挙区選挙・参議院選挙区選挙（**表1**と**表2**を参照）と巨額の使途不明金（**表4**を参照）のお陰で、自民党と公明党の連立政権が人工的に作られているが、それでも、両党の比例代表選挙の得票率は50%を下回っている」（**表3**を参照）という現実です。

また、自民党は、政権選択選挙とも呼ばれる衆議院議員総選挙で得票数を減らしたままで必ずしも回復したとはいえません。例えば、2005年、郵政民営化が争点になった衆議院総選挙で自民党は比例代表選挙で約2588・8万票を獲得していました。それが敗北し下野した2009年衆議院総選挙の比例代表選挙では1881万票に落ち込んだのです。2012年衆議院総選挙では、安倍自民党は政権に復帰しましたが、安倍自民党の比例代表選挙での得票数はさらに落ち込み1662・4万票でした。その後も2014年は1765・9万票、2017年は1855・8万票にとどまっており、2005年の約2588・8万票まで回復しているとはとうてい言え

表１：2012年衆院選挙以降の小選挙区選挙での自民党の議席占有率と得票率

総選挙年	当選者数	議席占有率	得票率
2012年	237人	79.0%	43.0%
2014年	222人	75.3%	48.1%
2017年	215人	74.4%	47.8%

投票日の追加公認は含まず。

表２：2013年以降の参院選での自民党の選挙区選挙結果（事実上の議員定数73、2019年は74）

年	当選者数	議席占有率	得票率
2013年	47人	64.38%	42.7%
2016年	36人	49.32%	39.94%
2019年	38人	51.35%	39.77%

表３：2012年衆院選以降の自公与党の衆院比例代表得票率

年	政党名とその得票率		
	自民党	公明党	合計
2012年	27.62%	11.83%	39.45%
2014年	33.11%	13.71%	46.82%
2017年	33.28%	12.51%	45.79%

表４：自民党本部の「政策活動費」「調査費」名目の議員らへの支出（使途不明金）の年間合計額（2010年～2017年）

年	「政策活動費」	「調査費」	合計
2012年	9億6510万円	1330.0万円	9億7840.0万円
2013年	12億9080万円	2890.6万円	13億1970.6万円
2014年	15億9260万円	5627.0万円	16億4887.0万円
2015年	12億3920万円	5476.6万円	12億9396.6万円
2016年	17億0390万円	6815.0万円	17億7205.0万円
2017年	19億1730万円	1億1596.5万円	20億3326.5万円
2018年	12億1320万円	1億4335.0万円	13億5655.0万円

表５：2003年以降の衆議院総選挙比例代表選挙での自公両党の得票数

総選挙年	自民党	公明党
2003年	2066.0万票	873.3万票
2005年	2588.8万票	898.8万票
2009年	1881.0万票	805.4万票
2012年	1662.4万票	711.6万票
2014年	1765.9万票	731.4万票
2017年	1855.6万票	697.8万票

ない状況であり、国民から安定した支持が政権に寄せられているという状況ではないのです（表5を参照）。

自民党は、2012年に「日本国憲法改正草案」を策定・公表しました。その後、前述したように安倍政権が戦争法の制定など民意と憲法を蹂躙する政治を繰り返す状況のなか、それに対抗する市民連合や総がかり実行委員会などの闘いがありました。だからこそ「市民と野党の共闘」が発展・深化したのです。

2016年の参議院通常選挙では、はじめて選挙での共闘がつくられ、32の「事実上の1人区」のうち野党4党統一候補（無所属を含む）は11勝しました。翌2017年の衆議院総選挙では、逆流のなか、その逆流を跳ね返しながら共闘は維持され、全289の小選挙区のうち、249選挙区で統一候補が成立し、33の選挙区で勝利しました。国会における野党共闘の大きな前進もあり、2019年5月29日には、立憲4野党1会派（立憲民主党代表・枝野幸男、国民民主党代表・玉木雄一郎、日本共産党委員長・志位和夫、社会民主党党首・又市征治、社会保障を立て直す国民会議代表野田佳彦）と市民連合（安保法制の廃止と立憲主義の回復を求める市民連合）との間で、13項目の政策合意書が合意・調印されました。それは画期的な意義をもつものでした。

こうした共闘の前進を力に、2019年参議院通常選挙において、32の「事実上の1人区」での候補者の統一が実現し、10の選挙区で勝利したことの意義は、はかりしれないものがあります。

（2）「安倍政権は国民の信任を得た」とも言い難い

２０１９年7月の参議院通常選挙においては、「安倍自公政権は国民の信任を得た」とも言い難いということを確認しておくべきです。選挙の結果を受け、安倍自民党総裁・首相は、投票日の翌22日、記者会見で、「安定した政治基盤の上に新しい令和の時代の国づくりをしっかり進めよと、国民の皆さまからの力強い信任をいただいた」と述べました。確かに今回だけの獲得議席数を見ると、自公与党は過半数の議席を獲得していますが、しかし、それは、大政党等に過剰代表を生み出す不当に有利な選挙区選挙（違憲）のお陰にすぎません。民意そのものを客観的に受けとめたものではなく、あまりにも保身的な見方です。

表6：自公両党の改選前と2019年参議院選挙結果

年	自民党	公明党	合計	事実上の議員定数（欠員含む）
改選前	67	11	78	121
2019年	57	14	71	124

表7：過去3回の参議院比例代表選挙における自公両党の得票数

年	自民党	公明党
2013年	1846.0万票	756.8万票
2016年	2011.5万票	757.2万票
2019年	1771.2万票	653.6万票

第一に、前述したように、安倍総裁・首相は明文改憲（２０２０年施行）を目論んでおり、明文改憲に必要な改憲勢力「３分の２以上」を改選後も維持する必要があったにもかかわらず、参議院では改選前の「３分の２」を割り込みました。

しかも第二に、参議院選挙区選挙が自民党に過剰代表を生み出す選挙制度であり、かつ、参議院の「事実上の議員定数」が１２１から３増えて１２４になったにもかかわらず、自民党は改選前の議席67を維持することさえできず、57へと議席数を減らしました。その結果、参議院では、それまで持っていた単独過半数を割り込む結果になりました。そして、公明党の議席数を加えても改選前の78（そのうち公明党11）を維持することさえできず、議席71（そのうち公明党14）へと議席数を減らしたのです（**表6**を参照）。

第三に、民意が概ね正確・公正に反映する比例代表選挙において、自民党は２０１６年参議院選挙では２０１１・５万票程度を獲得していましたが、２０１９年では２４０万票超減らし１７７１・２万票程度にとどまりました。公明党も、２０１６年の７５７・３万票程度から１０３万票超減らし６５３・６万票程度だったのです。さらに６年前の２０１３年の比例代表選挙で自民党は１８４６万票、公明党は７５６・８万票でしたから、この時の投票数からも減らしているのです（**表7**を参照）。

第四に、比例代表選挙の自公両党の得票率は合計しても50％を超えず、48・４％程度（自民党35・37％と公明党13・05％）にすぎません。２０１６年は比例代表選挙の得票率が49・４％程度（自民党35・９％と公明党13・５％）だったのに対し、２０１９年は、得票率も減らし、参議院全体で自公与党は半分の50％に届いていないのです（**表8**を参照）。

表8：過去２回の参院比例代表選挙における自公両党の得票率

年	自民党	公明党	合計
2016年	35.09%	13.50%	49.4%
2019年	35.37%	13.05%	48.4%

このように今回の参議院通常選挙において「安倍自公与党・政権は国民の信頼を得た」とはとうてい言い難いのです。

（3）重大な課題としての低投票率

表９：中選挙区と小選挙区の過去８回投票率比較

	中選挙区選挙	投票率		小選挙区選挙	投票率
第33回	1972年12月10日	71.76%	第41回	1996年10月20日	59.65%
第34回	1976年12月５日	73.45%	第42回	2000年６月25日	62.49%
第35回	1979年10月９日	68.01%	第43回	2003年11月９日	59.86%
第36回	1980年６月22日	74.57%	第44回	2005年９月11日	67.51%
第37回	1983年12月18日	67.94%	第45回	2009年８月30日	69.28%
第38回	1986年７月６日	71.40%	第46回	2012年12月16日	59.32%
第39回	1990年２月18日	73.31%	第47回	2014年12月14日	52.66%
第40回	1993年７月18日	67.26%	第48回	2017年10月22日	53.68%
平均		70.96%	平均		60.55%

グラフ１：衆院選の投票率推移（1993年までは中選挙区制）

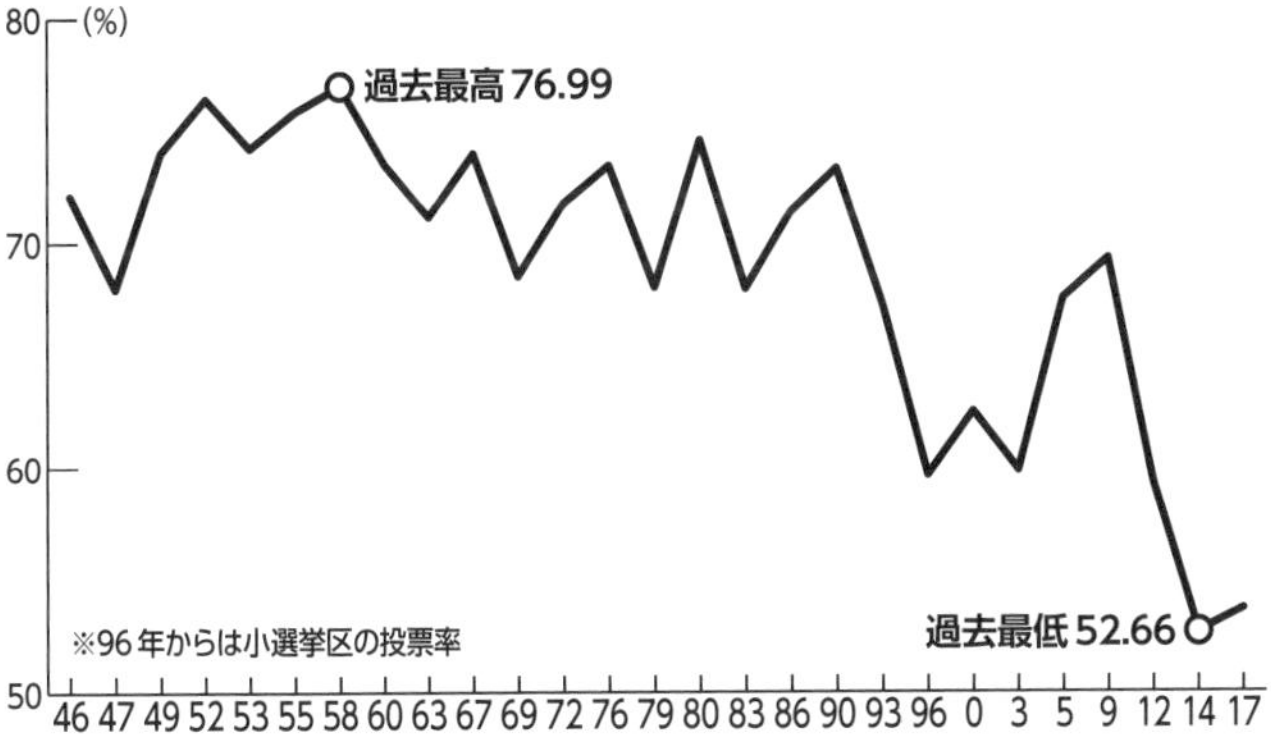

出典：「衆院選：投票率　戦後最低59.32%」毎日新聞（2012年12月17日12時07分）に上脇が2014年と2017年の投票率を書き加えた。

２０１９年参議院通常選挙で、どうしても気になるのが、投票率の問題です。過去、２番目の低投票率の48・8％でした。普通選挙で、この低さは異常です。制限選挙とまったく同じだとは言いませんが、普通選挙とは矛盾する異常な投票率の低さです。

この低さの原因としては悪天候や「亥年選挙」があげられます（「確定投票率24年ぶりに50％割れ」日本経済新聞２０１９年７月22日配信）が、それ以外にも幾つかの原因も考えられます。そのなかで、私が従来注目し指摘し続けてきた要因は選挙制度の問題です。

参議院議員の選挙制度は、戦後、地方区選挙と全国区選挙という形で始まり、１９８０年代に入って以降、選挙区選挙と比例代表選挙に「改革」されましたが、「地方区選挙」は「選挙区選挙」と呼び名が変わっただけで、大きな変更がありません。

そこで、投票率の変動問題を考えるときには、衆議院の選挙制度に注目する方がわかりやすいと考え、その変化を追ってみました。ご承知のように衆議院の選挙制度は、戦後、中選挙区制でしたが、1994「政治改革」により、比例代表選挙を付加した小選挙区制、いわゆる小選挙区比例代表並立制に変更されました（なお、この表現を参考にすれば、参議院の現在の選挙制度は、選挙区比例代表並立制となります）。

衆議院総選挙における投票率は、中選挙区制時代と現在の小選挙区比例代表並立制とで明確に変化があります。前者の時代に比べて、現在は投票率が10ポイント低いのです（**表9**、**グラフ1**を参照）。

現在、中選挙区制時代よりも投票率が低いのには、幾つか理由があると考えられますが、私が注目してきたのは、小選挙区選挙そのものです。日本における民意は多様であるにもかかわらず、一つの選挙区で当選者を1人しか出せない選挙制度は投票率を上げる要因にはならず、それどころか、下げる要因になってきたということです。自らの投票が死票になるようであれば、投票しない有権者が増えるのは、ある意味では自然のことだからです。そして、このことは、参議院の選挙制度にも基本的には妥当します。事実上の1人区の多い選挙区選挙が低い投票率の原因になっているのです。

（4）投票率が上がれば政治が変わる！

表10：参議院通常選挙における有権者数、自民党比例得票数、棄権者数

年	有権者数	投票者数	自民党比例得票数	棄権者数
2013年	1億0415.3万人	5479.6万人	1846.0万票	4935.7万人
2016年	1億0620.3万人	5808.6万人	2011.5万票	4811.7万人
2019年	1億0588.6万人	5166.7万人	1771.2万票	5421.9万人

もっとも、２００５年や２００９年の衆議院総選挙のようにマスコミの報道で「政治が大きく変わりそうだ」と有権者が感じれば、衆議院小選挙区選挙でも参議院選挙区選挙でも投票率は上がります（２００５年67・51％、２００９年69・28％）。

２０１３年参議院通常選挙の有権者数は約１億０４１５・３万人で、投票者数は５４７９・６万人、そのうち、比例代表選挙での自民党の得票数は約１８４６万票でした。棄権者数はなんとその２・７倍の約４９３５・７万人（47・４％）。

２０１６年参議院通常選挙の有権者数は約１億０６２０・３万人で、投票者数は約５８０８・６万人、そのうち、比例代表選挙での自民党の得票数は約２０１１・５万票。棄権者数はその２・４倍の約４８１１・７万人（45・５％）。つまり、棄権者は、自民党が65人の当選者を出した２０１３年は約４９３５・７万人（47・４％）でしたが、「市民と（立憲）野党の共闘」が実現し、自民党の当選者が55人だった２０１６年は約４８１１・7万人（45・5％）となり、「市民と（立憲）野党の共闘」が実現し、棄権者（率）が少なくなれば、自民党は当選者が少なくなっていたのです。

しかし、２０１９年参議院通常選挙では、自民党の得票数こそ、１７７１万票と減少したものの、有権者数約１億０５８８・６万人で、投票率は48・８％と低く、棄権者は５４２１・９万人超となり、棄権者（率）を少なくすることができず、大きな課題を残したと言えます（**表10**を参照）。

選挙結果を見ても、立憲野党（共産党・立憲民主党・国民民主党・社民党）にれいわ新選組を加えた得票率は、38・3％で、2016年の参議院通常選挙の、共産党・民進党・社民党・自由党の合計得票率36・3％と比較しても、大きく拡大したわけではありません。投票率が大きくあがってこそ、政治に変化をもたらすことができることを自覚すべきです。言い換えれば、「どうせ投票しても選挙結果や政治は変わらない」といって棄権した有権者が「選挙結果や政治を変える」投票行動をしていたら、実は、選挙結果も政治も大きく変わるのです。

現在の衆議院議員の任期は来年21年10月までです。来るべき衆議院選挙は政権選択選挙になります。「市民と(立憲)野党」の共闘をさらに進化・深化させ、野党は、「安倍政治を変えてほしい」と思っている人々や「政治に見捨てられた」と思っている人々にも、心から希望と期待を抱かせる共通政策を掲げて政権交代を実現してほしいと思います。

とは言え、たとえ10％の投票率のアップがあったとしても、それでも、中選挙区制時代の時と同じ程度です。普通選挙における投票率としては、とても高い投票率とは表現できません。それ以外のときの投票率があまりにも低すぎるのです。やはり、普通選挙に相応しいように投票率を上げるためには、いくつか改善しなければならないことがあります。その重要な一つが、有権者の投票のほとんどが生きるように、選挙制度を議会制民主主義に相応しい、無所属も立候補できる完全比例代表制へと改革することです。私見では、この点は、衆議院でも参議院でも同じです。その場合、議員定数を事前に定める方法だけではなく、投票者数に比例して議員数も決まる方法も考えられます。いずれによせ、現行の政権・与党のための選挙制度から主権者国民・有権者のための選挙制度へと改革すべきです（参照、上脇博之『なぜ4割の得票で8割の議席なのか』日本機関紙出版センター・２０１３年、同『ここまできた小選挙区制の弊害』あけび書房・２０１８年）。健全な各野党も、その改革がなされるのであれば、それまでの候補者調整に積極的になるでしょう。

（５）改憲勢力は「3分の2」を割り込んだのに

この間の大きな流れのなかで、２０１９年参議院選挙の結果を位置づけて見ていくと、改憲勢力が「3分の2」を割り込んだことは重要なことです。とりわけ、安倍晋三首相は、これまでの選挙で改憲を選挙に争点にすることを避けてきたのに、改憲の２０２０年施行を目指していたため、２０１９年参議院通常選挙では、明文改憲をしようとして選挙に臨んだ事実は重要です。

ところが、安倍総裁・首相は、「少なくとも（憲法改正について）議論すべきだ、というのが参院選での国民の審判だ。野党にはこの民意を正面から受け止めていただきたい。……」と強弁しました。しかし、民意は安倍総裁・首相の見方とは逆であることを推定させる調査結果しかありません。民意を全く無視したデタラメであると評さざるを得ないのです。以下一つ一つ確認してみましょう。

安倍自民党総裁は、２０１９年参議院通常選挙の運動期間中の演説で「国会での改憲論議」を訴えていました。たとえば、産経新聞２０１９年7月13日配信の記事は、「【令和の未来　政策を問う】憲法　首相が争点化主導、街頭で異例の訴え」と安倍総裁の演説を報道していました。そこでは、「憲法審査会が憲法論議を1分もやらないまま1年以上が過ぎた。憲法改正に賛成か反対かではなく、まずは議論しよう」との訴えが紹介されていました。

一方、その同じ産経新聞社とＦＮＮ（フジニュースネットワーク）が7月14、15両日に行った合同世論調査で、同月21日投開票の参院選で最も重視する政策を尋ねたところ、「医療・年金・介護など社会保障」が42・5％、「景気・経済政策」が20・6％、「子育て・少子化対策」が11・0％でした。これに対し、自民党が公約で第一の柱に掲げた「外交・安全保障」は7・0％にすぎず、安倍晋三首相（自民党総裁）が議論の是非を問うとしている「憲法改正」は5・1％だったのです。しかも、この「憲法改正」は自民支持層でも5・7％にすぎませんでした（【産経ＦＮＮ合同調査】参院選最重視は社会保障」産経新聞２０１９年7月16日配信)。

では、7月21日の参議院通常選挙での出口調査はどうだったのでしょう。共同通信社が実施した出口調査で、「安倍晋三首相の下での憲法改正」について賛否を聞いたところ、全体で反対が47・5％、賛成40・8％で、反対が賛成を上回りました。支持政党別に見ると、自民党支持者こそ賛成が73・7％、反対18・1％ですが、公明党の支持者では賛成46・6％、反対39・6％と拮抗しています。この出口調査によると、「安倍晋三首相の下での憲法改正」に賛成よりも反対が多く、自民党に投票した有権者でさえ反対が18％もありました。

その結果、参議院の改憲勢力は「3分の2」を割り込んだのです。公明党の山口那津男代表も選挙を受けてテレビ番組で、憲法に自衛隊を明記する自民党の憲法改正案について「あえて書く意味がどこまであるのか」とけん制しました。

加えて、各政党が国会で社会保障などに精力的に議論するためには、改憲論議は有害無益だということも強調しておきたい。しかも、「たんに議論するだけ」というのであればなおさら有害です。もし国会で改憲論議が具体的に行われてしまうと、「社会保障」など国民の多くが求める政策議論については、逆にマスコミの報道も減り、かすんでしまいかねないからです。

要するに、安倍自民党総裁・首相が「(憲法改正について) 議論すべきだ、というのが参院選での国民の審判だ」と発言したのは、明らかにデマの類いとしか言いようがありません。安倍氏は、選挙後も相変わらず民意を無理する人物であることに変わりがないのです。

(６)安倍首相の「２０２０年改憲施行」方針を修正へ

とはいえ、参議院では改憲勢力が「3分の2」を割り込んだ以上、「明文改憲施行２０２０年」の方針を維持することはできなくなりました。それでも、明文改憲を引っ込めるわけにはいかないようで、安倍首相は、その方針を断念し、「自民党総裁任期が満了する２０２１年9月までに国民投票実施を目指す」という目標へと方針を事実上修正したようです（「首相、憲法改正『20年施行』を断念『21年国民投票』修正」毎日新聞19年12月7日2時)。

安倍首相は２０１９年12月9日、臨時国会閉幕を受けて記者会見し、憲法改正について「必ずや私の手で成し遂げていきたい」「与野党の枠を超えて活発に議論し、令和の時代にふさわしい改憲原案の策定を加速させる」「国のかたちに関わる大改革に挑戦し、新たな国造りを力強く進めていく。その先に憲法改正がある」と表明したのです。

また、安倍自民党は今年1月16日、憲法改正の機運醸成に向け、党中央政治大学院（院長・中谷元・元防衛相）が主催する夜間講座「日本の近現代史から学ぶ『憲法』」を党本部でスタートさせました。この日は安倍晋三首相が党総裁として登壇し、１０００人以上の参加者を前に「憲法にしっかりと私たちの自衛隊を明記しよう。そして憲法論争に終止符を打とうではないか」と述べ、9条改正の必要性を訴えました。2021年2月まで、24回にわたって有識者や作家が憲法をテーマに講演するというのです（「安倍首相、9条改憲訴え　自民が夜間講座スタート」時事通信2020年01月16日20時31分）。

自民党の2012年「日本国憲法改正草案」は、日本国憲法の全面改正を目指していました（参照、上脇博之『日本国憲法の真価と改憲論の正体』日本機関紙出版センター・2017年）が、2017年衆議院総選挙における同党の公約では、改憲を「自衛隊の明記、教育の無償化・充実強化、緊急事態対応、参議院の合区解消の4項目」に絞り、同党憲法改正推進本部はそれを条文化する作業を完了し、2019年参議院通常選挙を迎えました。それゆえ、安倍「4項目」改憲の内容そのものをきちんと分析して問題点を指摘し、少々手直しされた内容になっても問題点を的確に発見・指摘できるよう、きちんと批判しておく必要があります（参照、上脇博之『安倍「4項目」改憲の建前と本音』日本機関紙出版センター、2018年）。もしも来る衆議院総選挙で改憲勢力が「3分の2」を確保すると、「改憲が民意だ」と言い張り安倍自民党が参議院の野党議員を「一本釣り」して参議院でも改憲勢力「3分の2」を確保する動きが出る恐れがあるからです。

2　安倍「4項目」改憲の真の危険性

（1）参議院「合区」解消を口実にした改憲の本音

参議院の選挙区選挙については、従来、都道府県ごとに議員定数が決められてきました。しかし、２０１５年7月、選挙区間における投票価値の不平等を是正するために、北海道、東京、兵庫を二つずつ増やし、宮城、新潟、長野を二つずつ減らす「6増6減」に加え、愛知と福岡を二つずつ増やし鳥取と島根、徳島と高知を合区して二つずつ減らす「4増4減」という「10増10減」案が成立し、史上初の「合区」（鳥取県と島根県、徳島県と高知県）も行われ、２０１６年、２０１９年の各参議院通常選挙は、それで執行されました。

自民党憲法改正推進本部は、２０１７年12月20日に、「憲法改正に関する論点取りまとめ」を公表しました。そこでは、「憲法改正推進本部における議論の状況」の箇所において、「過疎と過密による人口偏在がもたらす選挙制度の変容」というテーマが「優先的検討項目」の一つとして議論されたと説明したうえで、「まさに今、国民に問うにふさわしいと判断されたテーマ」が4項目あり、その三つ目として「一票の較差と地域の民意反映が問われる『合区解消・地方公共団体』」を挙げました。そして、「各テーマにおける議論の状況と方向性」の箇所の3番目において「合区解消・地方公共団体について」取り上げ、まず、「両議院議員の選挙について、一票の較差（人口比例）への対応により行政区画と選挙区のずれが一層拡大し、地方であれ都市部であれ今後地域住民の声が適切に反映されなくなる懸念がある。」と述べています。

このことを受けて、憲法第47条を改正し、「①両議院議員の選挙区及び定数配分は、人口を基本としながら、行政区画、地勢等を総合勘案する」こと、また、「②政治的・社会的に重要な意義を持つ都道府県をまたがる合区を解消し、都道府県を基本とする選挙制度を維持するため、参議院議員選挙においては、半数改選ごとに各広域地方公共団体（都道府県）から少なくとも一人が選出可能となるように規定する」方向で「おおむね意見は一致している」とまとめています。

同本部は2018年2月16日午前の全体会合で、衆参両院の選挙に関する事項を法律で定めるとした現行の憲法第47条を改め、参院議員について「広域の地方公共団体」を選挙区とする場合、「改選ごとに各選挙区で少なくとも一人を選挙すべきものとすることができる」と規定する加憲の条文案を初めて示しました。出席者から目立った異論はなく、内容を了承しました（「自民、『合区』解消条文案を了承　都道府県に1人以上」東京新聞2018年2月16日夕刊）。

条文案の第2文を確認すると、確かに、「参議院議員の全部又は一部の選挙について、広域の地方公共団体のそれぞれの区域を選挙区とする場合には、改選ごとに各選挙区において少なくとも一人を選挙すべきものとすることができる」と明記されています。これによると、参議院の「選挙区選挙」における「合区」（人口の少ない鳥取、島根両県と徳島、高知両県を、それぞれ一つの選挙区に統合）を解消することができることになります。

ですが、その結果、日本国憲法が要請している〝投票価値の平等〟（第14条、第15条）は保障されず犠牲にされ、それが「合憲」化されうることになります。現に、同本部の岡田直樹事務局長は、会合後、条文案に基づき都道府県の選挙区に配分される改選定数一について「人口比例（投票価値の平等）の要請の適用除外となる」と記者団に説明しました。それゆえ、与党の公明党ですら「『一票』は平等でなければならない」（北側一雄副代表）と慎重な姿勢を崩していないと報じられました（前記東京新聞記事）。

日本国憲法	自民党憲法改正推進本部条文イメージ（たたき台素案）（2018年3月26日）
第47条　選挙区、投票の方法その他両議院の議員の選挙に関する事項は、法律でこれを定める。	第47条　両議院の議員の選挙について、選挙区を設けるときは、人口を基本とし、行政区画、地域的な一体性、地勢等を総合的に勘案して、選挙区及び各選挙区において選挙すべき議員の数を定めるものとする。参議院議員の全部又は一部の選挙について、広域の地方公共団体のそれぞれの区域を選挙区とする場合には、改選ごとに各選挙区において少なくとも一人を選挙すべきものとすることができる。 2　前項に定めるもののほか、選挙区、投票の方法その他両議院の議員の選挙に関する事項は、法律でこれを定める。

実は、〝投票価値の平等〟を実現しない方向なのは、参議院の選挙区選挙だけではないのです。というのは、条文案の第1文には、「両議院の議員の選挙について、選挙区を設けるときは、人口を基本とし、行政区画、地域的な一体性、地勢等を総合的に勘案して、選挙区及び各選挙区において選挙すべき議員の数を定めるものとする」と明記されており、これは、衆議院の小選挙区選挙でも〝投票価値の平等〟を保障せず犠牲にしても「合憲」にされうるからです。

2018年3月26日の自民党憲法改正推進本部「憲法改正に関する議論の状況について」は、「合区解消・地方公共団体」に関して、「地方・都市部を問わず、選挙において『地域』が持つ意味に改めて目を向け、憲法において『地域の民意の適切な反映と投票価値の平等との調和』を図ることが必要である。特に、4県

2合区の導入にまで至った参議院の在り方ということでは、政治的・社会的に重要な意義を持つ都道府県の住民の意思を集約的に反映することが重要であり、合区を解消し、都道府県単位の選挙制度を維持することができるよう、憲法改正による対応が不可避である」として、「憲法47条」を「次のような『条文イメージ（たたき台素案）』による改正することで（下線部分が改正部分）、合意が得られているところである」とまとめていました（前頁の対照表を参照）。

これは、批判されている前述の自民党憲法改正推進本部案（2018年2月16日）と全く同じ条文でした。

選挙制度において複数の選挙区を設ける場合、〝投票価値の平等〟を実現するために従来の選挙区を「合区」することそれ自体は問題ではありません。もっとも、参議院の選挙区選挙における2015年の「合区」は、全国のほとんどの県ではなく、4県（鳥取と島根県、徳島県と高知県）だけであり、「合区」されていない都道府県と比較すると不公平だと考えることも無理からぬことです。

しかし、この不公平な「合区」を解消するのに、憲法改正する必要はどこにもありません。解消する手段としては、4県につき少なくとも改選時に議員定数1になるよう選挙区選挙全体の議員定数を増やす方法（ただし〝民意の正確・公正な反映〟という憲法の要請に応えていない）もありますし、また、憲法は参議院における国民代表を都道府県単位にするよう要請しているわけではないので、もっと広域のブロック制にする方法もあります。あるいはまた、そもそも選挙区選挙を廃止して、昔の全国区選挙にする方法や、現在の総議員定数を維持して比例代表選挙だけにする方法もあるからです。

〝投票価値の平等〟は憲法の要請ですから、それを犠牲にして「合区」を解消する憲法改正は、違憲を「合憲」にする改悪であり、論外です。

前述した「憲法改正に関する議論の状況について」（２０１８年3月26日）は、「合区を解消し、都道府県単位の選挙制度を維持することができるよう、憲法改正による対応が不可避である」と述べていたように、自民党は、都道府県単位となってきた参議院選挙区選挙を憲法改正してでも維持したいのですが、今の参議院選挙区選挙は、不当に自民党など大政党に有利なのです。ですから、それを温存したいという党利党略が憲法改悪の本音です。

また、現在の衆議院小選挙区選挙も参議院選挙区選挙も、衆参各院を〝国民の縮図〟にするという憲法の要請に応えず、民意を歪曲しているので憲法違反です。自民党の改憲では、〝投票価値の不平等〟を「合憲」にすることに加え、必ず衆議院小選挙区選挙も参議院選挙区選挙を採用すべきとは明記してはいないものの、あえて「選挙区を設けるとき」を明記しているので、それを大げさに強調して、憲法違反の両選挙制度を「合憲」にすることも目指されているのです。

（２）道州制も「合憲」にする改憲

憲法第47条に「広域の地方公共団体」という表現を盛り込むことについて、「広域の地方公共団体」が「都道府県」を指すと明確化するため、地方自治の基本原則を定めた憲法第92条へ新たに定義を盛り込んだとも報道されました（「自民、『合区』解消条文案を了承　都道府県に１人以上」東京新

日本国憲法	自民党憲法改正推進本部案（2018年2月16日） 自民党憲法改正推進本部条文イメージ（たたき台素案） 2018年3月26日
第92条　地方公共団体の組織及び運営に関する事項は、地方自治の本旨に基いて、法律でこれを定める。	第92条 地方公共団体は、基礎的な地方公共団体及びこれを包括する広域の地方公共団体とすることを基本とし、その種類並びに組織及び運営に関する事項は、地方自治の本旨に基づいて、法律でこれを定める。

聞２０１８年2月16日夕刊）。

確かに、２０１８年2月16日の自民党憲法改正推進本部案では、憲法第92条に「地方公共団体は、基礎的な地方公共団体及びこれを包括する広域の地方公共団体とすることを基本とし……」と明記されています。また、前述の「憲法改正に関する議論の状況について」（２０１８年3月26日）は、「合区解消・地方公共団体」に関して、「選挙区の基盤となる基礎的な地方公共団体（市町村）と広域の地方公共団体（都道府県）について、現代における分権型社会の在り方も念頭に置きつつ、憲法に明記し、市町村と都道府県の基盤の安定化や地方自治の強化を図っていくことも必要である」として、「憲法…92条を次のような『条文イメージ（たたき台素案）』による改正することで（下線部分が改正部分）、合意が得られているところである」とまとめていました（上記の対照表を参照）。

この条項は、実は、自民党「日本国憲法改正草案」（２０１２年）にもあり、「広域地方自治体」という同様の文言が「新第93条」として盛り込まれていました（次頁を参照）。これ

自民党「日本国憲法改正草案」（2012年）
（地方自治体の種類、国及び地方自治体の協力等） 第93条　地方自治体は、基礎地方自治体及びこれを包括する広域地方自治体とすることを基本とし、その種類は、法律で定める。 2　・・・。　3　・・・。

について自民党「日本国憲法改正草案Ｑ＆Ａ」（２０１２年）は「道州制については、今回の憲法改正草案には直接盛り込みませんでした」が「道州はこの草案の広域地方自治体に当たり、この草案のままでも、憲法改正によらずに立法措置により道州制の導入は可能であると考えています」と説明しています。今の安倍自民党も「分権型社会」を目指している旨説明していますし、大阪都構想の実現を目指している「日本維新の会」の協力を得て改憲するのですから、改憲成立後は道州制に移行する可能性が高いでしょう。

道州制では、都道府県は廃止され、道州になります。そうなると、「広域の地方公共団体」は「道州」であり、「都道府県」でなくなります。つまり、自民党憲法改正推進本部案でも、「広域の地方公共団体」が「都道府県」に確定されるとは限らないのです。

そもそも住民自治は広域でない方が機能しやすいので、「広域地方自治体」になると、地方自治の本旨の一つである住民自治は後退します。また、沖縄県民は、普天間基地問題を理由に名護市辺野古に新基地を建設することに反対してきたにもかかわらず、安倍政権は、その反対の意向を無視して基地建設を強行しています。このことが示しているように、自民党の改憲が実現されれば、地方自治の本旨のもう一つである団体自治をも沖縄

自民党憲法改正推進本部条文イメージ（たたき台素案）2018年3月26日
第9条の2 前条の規定は、わが国の平和と独立を守り、国及び国民の安全を保つために必要な自衛の措置をとることを妨げず、そのための実力組織として、法律の定めるところにより、内閣の首長たる内閣総理大臣を最高の指揮監督者とする自衛隊を保持する。 ②自衛隊の行動は、法律の定めるところにより、国会の承認その他の統制に服する。 （※第9条全体を維持したうえで、その次に追加）

県から奪うことになるでしょう。もちろん、これは、沖縄県だけではなく、他の都道府県の団体自治を奪うことにもなります。憲法改悪です。

（3）「自衛隊違憲」論を口実にした改憲の本音

前述の「憲法改正に関する議論の状況について」（2018年3月26日）は、「自衛隊」に関して、「憲法改正により自衛隊を憲法に位置付け、『自衛隊違憲論』は解消すべきである」として、「自衛隊を憲法に位置付けるに当たっては、現行の9条1項・2項及びその解釈を維持した上で、『自衛隊』を明記するとともに、『自衛の措置（自衛権）』についても言及すべきとの観点から、次のような『条文イメージ（たたき台素案）』を基本とすべきとの意見が大勢を占めた」とまとめていました（上記を参照）。

2017年6月12日、自民党の保岡興治憲法改正推進本部長は、憲法9条に自衛隊を明記する憲法改正に関し「政府解釈を1ミリも動かさないで自衛隊を明確に位置付ける方向性で進めていく」「公明党の（9条への）重要な認識もある。解釈を動かさない前提で自衛隊を合憲化して明記する」と述べ、現在の政府解釈の枠内で党の改正案作りを進める考えを示していました（「自民 保岡氏、9条改憲で『政府解釈1ミリも動かさず』」毎日新聞2017年6月12日 20時25分。最終更新21時34分）。

前述の「自民党憲法改正推進本部条文イメージ(たたき台素案)」の「第9条の2」は、その発言通り、今の日本国憲法第9条と同じなのでしょうか？

しかし、そうであれば、憲法改正（加憲）する必要はありません。2018年自民党総裁選挙に立候補した石破茂元幹事長は、「(安倍晋三首相が掲げる2項を維持した上での憲法9条への自衛隊明記案を念頭に) 何も変わらないという憲法改正をしてどうするのか」と発言していました（「石破氏『何も変わらない憲法改正をしてどうするのか』」朝日新聞2018年8月11日18時19分）。

前述の「憲法第9条の2」加憲後、安倍政権・自公与党は、少なくとも、集団的自衛権（他衛権）行使（の一部）を事実上認容している「更なる解釈改憲」（2014年閣議決定）・「立法改憲」（2015年安保関連法＝戦争法制定）を「合憲」と言い張り続けるだけではなく、加憲によって益々違憲ではなくなったと強弁することでしょう。ですから、単に自衛隊の存在を認めることにはならないのです。

「自民党憲法改正推進本部条文イメージ（たたき台素案）」の「第9条の2」は、「わが国の平和と独立を守り、国及び国民の安全を保つために必要な自衛の措置をとることを妨げず」等と明記していましたが、前述の「憲法改正に関する議論の状況について」（2018年3月26日）は、「『自衛隊』を明記するとともに、『自衛の措置（自衛権）』について言及すべきとの観点から、…『条文イメージ（たたき台素案）』を基本とすべきとの意見が大勢を占めた」と記していました。

自民党「日本国憲法改正草案」（2012年）

第2章　安全保障

（平和主義）第9条 日本国民は、正義と秩序を基調とする国際平和を誠実に希求し、国権の発動としての戦争を放棄し、武力による威嚇及び武力の行使は、国際紛争を解決する手段としては用いない。

2 前項の規定は、自衛権の発動を妨げるものではない。

この説明によると、条文にある「自衛の措置」は「自衛権」を含意していることになります。そうなると、「第9条の2」加憲成立後、安倍政権・自民党は、その加憲により「自衛権」が明記されたことになると強弁することになります。

そこで、注目すべきなのは、憲法第9条第2項の戦力の不保持を削除し、同条項に「自衛権の発動」を明記した自民党「日本国憲法改正草案」(上記を参照)の解説です。自民党「日本国憲法改正草案Q&A」(2012年)は、次のように解説していました。

「今回、新たな9条2項として、『自衛権』の規定を追加していますが、これは、従来の政府解釈によっても認められている、主権国家の自然権(当然持っている権利)としての『自衛権』を明示的に規定したものです。この『自衛権』には、国連憲章が認めている個別的自衛権や集団的自衛権が含まれていることは、言うまでもありません。／また、現在、政府は、集団的自衛権について『保持していても行使できない』という解釈をとっていますが、『行使できない』とすることの根拠は『9条1項・2項の全体』の解釈によるものとされています。このため、その重要な一方の規定である現行2項(『戦力の不保持』等を定めた規定)を削除した上で、新2項で、改めて『前項の規定は、自衛権の発動を妨げるものではない』

と規定し、自衛権の行使には、何らの制約もないように規定しました」（Ｑ８の答）

この解説によると、自衛権には「集団的自衛権」も含まれてしまいます。戦力の不保持を削除しておらず「自衛権」についても明示していない「憲法第９条の２」においても、「自衛権」が明記されたに等しいと強弁されてしまうと同時に、「日本国憲法改正草案Ｑ＆Ａ」の解説が「憲法第９条の２」にも妥当するとして、「集団的自衛権」の行使も憲法上無制約に許容されていると説明されかねません。

ところで、日本国憲法は、基本的人権を制限する原理として「公共の福祉」（憲法第12条・第13条・第22条・第29条）を明記していますが、現行第９条では「自衛隊」の明記はなされていませんので、現行の土地収用法には、民間の私有地を自衛隊の基地建設のために収用（公用収用）できる規定はありません。しかし、日本国憲法に「自衛隊」が明記されれば、「自衛隊」に公共性が付与されてしまいます。自衛隊の基地のための私有地の公用収用も「合憲」になってしまう可能性があります。

また、「自民党憲法改正推進本部条文イメージ（たたき台素案）」の「第９条の２」における「国及び国民の安全を保つために必要な自衛の措置」の中の「国民」について安倍自民党は、日本国内にいる「国民」に限定しないと説明するかもしれません。自民党は「国民」を日本国籍保有者としていますが、日本国籍保有者のなかには海外に在住する者もいます（在外日本人）ので、公職選挙法では、在外国民（在外日本人）にも選挙権（投票権）の行使を保障しているからです（第４章の２「在外選挙人名簿」）。となると、「在外国民（在外日本人）の安全を保つために必要な自衛の措置」（個別的自衛権および集団的自衛権）を行使することも「合憲」になると強弁しそうです。

ところで、内閣の意思決定は、いわゆる閣議で行われますので、日本国憲法が内閣総理大臣独自の権限と明記したもの以外、内閣総理大臣が単独で行えるものはありません。現行の自衛隊法は、「内閣総理大臣は、内閣を代表して自衛隊の最高の指揮監督権を有する」と定めています（第7条）が、ここでは、「内閣総理大臣は、……自衛隊の最高の指揮監督権を有する」としているものの、「内閣を代表して」とあるので、基本的には、閣議決定に基づく必要があります。自衛隊の行動は、行政権の行使に基づいているからです。

ところが、「憲法第9条の2」は、「内閣の首長たる内閣総理大臣を最高の指揮監督者とする自衛隊」と明記していますので、自衛隊についての「指揮監督権」は、「内閣」の章に明記されているわけでもないので、内閣の行政権の行使ではなく、内閣総理大臣の独自の権限とみなされる可能性があります。その場合、「自衛隊の行動は、法律の定めるところにより、国会の承認その他の統制に服する。」と定められるとはいえ、大日本帝国憲法における天皇の統帥大権（第11条）と類似したものになるおそれがあります。つまり、この点でも憲法改正前と憲法改正後とは明らかに違うのです。

そのうえ、安倍自民党も防衛省も、自衛隊に「敵基地攻撃能力」と「海兵隊的機能」をもたせようとしていることに留意すべきです（自民党「新『防衛計画の大綱』策定に係る提言（『防衛を取り戻す』）」２０１３年6月4日、防衛省（防衛力の在り方検討のための委員会「防衛力の在り方検討に関する中間報告」２０１３年7月26日）。「敵基地攻撃能力」とは、「日本が外国から武力攻撃を受けた後に、その外国の軍事基地を攻撃する能力」ではなく、「日本が外国から武力攻撃を受

日本国憲法	自民党憲法改正推進本部案（2018年2月21日）
第26条　すべて国民は、法律の定めるところにより、その能力に応じて、ひとしく教育を受ける権利を有する。 2　すべて国民は、法律の定めるところにより、その保護する子女に普通教育を受けさせる義務を負ふ。義務教育は、これを無償とする。	第26条　すべて国民は、法律の定めるところにより、その能力に応じて、ひとしく教育を受ける権利を有し、経済的理由によつて教育上差別されない。 2　・・・。 3　国は、教育が国民一人一人の人格の完成を目指し、その幸福の追求に欠くことのできないものであり、かつ、国の未来を切り拓く上で極めて重要な役割を担うものであることに鑑み、教育環境の整備に努めなければならない。

ける前に、その外国の軍事基地を攻撃する能力」を保持するというものです。また、アメリカの海兵隊は自衛のためというよりも〝殴り込み部隊〟としての性格を有していますので、自衛隊は〝殴り込み部隊〟になってしまうのです。

要するに、「9条の2」加憲は日本が積極的に戦争する国家である「ならず者国家」になることを目指しているので、明らかな改悪です。

(4)「高等教育の無償」を口実にした改憲の本音

日本国憲法の下で「高校（中等教育）以上または大学などの高等教育の無償」を実施することは、憲法違反になるかと問えば、その答えは、NOです。法律で「高等教育の無償」を行っても、それは憲法違反にはなりません。むしろ、そもそも日本国憲法は「教育を受ける権利」を保障しているのですから、憲法適合的です。ですから、「高等教育の無償」を実現するのに、あえて明文改憲を

自民党憲法改正推進本部案（2018年2月28日） 自民党憲法改正推進本部条文イメージ（たたき台素案）（2018年3月26日）
第26条　①・②（現行のまま） 3　国は、教育が国民一人一人の人格の完成を目指し、その幸福の追求に欠くことのできないものであり、かつ、国の未来を切り拓く上で極めて重要な役割を担うものであることに鑑み、各個人の経済的理由にかかわらず教育を受ける機会を確保することを含め、教育環境の整備に努めなければならない。

自民党憲法改正推進本部案（2018年2月28日）の出典は朝日新聞2018年3月1日朝刊。

行う必要があるわけではないのです。

それではなぜ自民党は明文改憲を通じて「高校以上または大学などの高等教育の無償」を目指しているのでしょうか？

まず、2018年2月21日の自民党憲法改正推進本部の全体会合では、憲法第26条第1項には「経済的理由によって教育上差別されない」との文言を追加し、また、同条に第3項を新設し、教育の意義について「国民の人格の完成、幸福の追求に欠くことのできないもの」と定めた上で、国は「教育環境の整備に努めなければならない」とした加憲の条文案を提示しました（前頁の対照表を参照）。この条文案は大筋で了承されましたが、「高価な教育でも国に受けさせる義務が生じないか」「差別しない理由を経済的な要因に限定しかねない」などと異論が出たため、最終的な文言調整などの対応を細田博之本部長に一任したと報じられました（「教育充実『国に努力義務』　自民改憲本部　条文案2例目了承」東京新聞2018年2月22日朝刊）。

そして、同月28日の全体会合では、改憲の方向性は、それよりも更に後退します。憲法第26条第1項に明記する予定だった

「経済的理由によって教育上差別されない」との表現について、党内から「訴訟の乱立を引き起こしかねない」と懸念する声が出たため、外すこととし、党憲法改正推進本部は、代わりに、新設する同条第3項に「各個人の経済的理由にかかわらず教育を受ける機会を確保する」と書き込むことにしたと報じられました（「自民改憲案、教育部分の表現修正＝『差別されない』、訴訟懸念で外す」時事通信2018年2月28日20時46分）。

要するに、自民党改憲推進本部は、改憲（加憲）を通じて「高等教育の無償を実現する」気は一切ないのです。

前述の「憲法改正に関する議論の状況について」（2018年3月26日）は、「教育充実」に関して、「憲法において、改正教育基本法の規定も参照しつつ、『教育の重要性』を国の理念として位置付けることとするとともに、国民が経済的理由にかかわらず教育を受ける機会を享受できるよう国が教育環境の整備に努めるべき旨を規定することで意見の一致をみた」として「『教育充実』についての『条文のイメージ（たたき台素案）』については、次のようなものとすることで（下線部分が改正部分）、合意が得られているところである」とまとめていました（前頁を参照）。これは自民党憲法改正推進本部案（2018年2月28日）と同じ立場を維持していることになります。

自民党の改憲の本音は、「教育への国家（自民党政権）の介入」を「合憲」にすることです。というのは、「自民党憲法改正推進本部案」（2018年2月28日）および「自民党憲法改正推進本部条文イメージ（たたき台素案）」（2018年3月26日）では、新設される第26条第3項において、「教育環境の整備に努めなければならない」という文言の前に、「国は、教育が……国の未来を切り

日本国憲法	自民党憲法改正推進本部案（2018年1月21日・28日） 自民党憲法改正推進本部条文イメージ（たたき台素案）2018年3月26日
第89条　公金その他の公の財産は、宗教上の組織若しくは団体の使用、便益若しくは維持のため、又は公の支配に属しない慈善、教育若しくは博愛の事業に対し、これを支出し、又はその利用に供してはならない。	第89条　公金その他の公の財産は、宗教上の組織若しくは団体の使用、便益若しくは維持のため、又は公の監督が及ばない慈善、教育若しくは博愛の事業に対し、これを支出し、又はその利用に供してはならない。

拓く上で極めて重要な役割を担うものであることに鑑み」という表現を盛り込んでいるからです。

それゆえ、自民党憲法改正推進本部案は、教育を「国の未来を切り拓く」ものと位置づけ、「教育環境の整備」を口実に国が学校の教育内容に介入し口出しできる憲法上の根拠にしようとしているのです。憲法第23条の学問の自由、教育の自由、さらには教育を受ける権利を実質的に否定する改悪です。

（5）私学助成は違憲ではないのに改憲する本音

前述の「憲法改正に関する論点取りまとめ」（２０１７年12月20日）は、私学助成（私立学校への助成金）につき、憲法第89条が「私学助成が禁止されていると読めることから、条文改正を行うべきとの意見も出されている」と記していました。２０１８年1月21日の自民党憲法改正推進本部の全体会合では、私学公金支出のあり方を定めた憲法第89条について、私学助成の合憲性を担保するという口実で、「公の支配に属しない」との文言を「公の監督が及ばない」に変更した条文案が提示され、了承されました（「教育充実『国に努力義務』　自民改憲本部　条文案2例目了承」東京新聞２０１８年1月22日 朝刊）。この点は、同年1月28日の全体会合でも同じ結論でした（朝日新聞２０１８年3月1日朝刊）。

また、前述の「憲法改正に関する議論の状況について」（２０１８年3月26日）は、「憲法89条について、現在の文言では、私学助成が禁止されていると読めることから、憲法26条の改正と併せて、現行規定の表現を現状に即した表現に改正することについても、合意が得られているところである」とまとめていました。そして、「自民党憲法改正推進本部条文イメージ（たたき台素案）」は、自民党憲法改正推進本部案（２０１８年1月28日）と同じ内容の条文案でした（前頁の対照表を参照）。

自民党憲法改正推進本部は、まるで私学助成が違憲であるかのように説明して、改憲が私学助成を「合憲」するためであるかのように改憲を主張しています。

実は、自民党「日本国憲法改正草案」（２０１２年）も、同様の条文案を提案していました（次頁を参照）が、憲法改正の理由は異なっていました。自民党「日本国憲法改正草案Ｑ＆Ａ」（２０１２年）は、「私学助成に関わる規定（89条）を変えたのは、なぜですか？」というＱ28の回答で、次のように解説していました。

「現行憲法89 条では、『公の支配』に属しない教育への助成金は禁止されています。ただし、解釈上、私立学校においても、その設立や教育内容について、国や地方公共団体の一定の関与を受けていることから、『公の支配』に属しており、私学助成は違憲ではないと考えられています。しかし、私立学校の建学の精神に照らして考えると、『公の支配』に属するというのは、適切な表現ではあり

自民党「日本国憲法改正草案」（2012年）
第89条　・・・（略）・・・ 2　公金その他の公の財産は、国若しくは地方自治体その他の公共団体の監督が及ばない慈善、教育若しくは博愛の事業に対して支出し、又はその利用に供してはならない。

ません。そこで、憲法の条文を改め、『公の支配に属しない』の文言を、国等の『監督が及ばない』にしました」

このように自民党は私立学校への助成金が日本国憲法の下で違憲だとは考えていなかったのです。憲法学でも私学助成を違憲とする立場は皆無に近いでしょう。また、自民党は「私立学校」が『公の支配』に属するというのは、適切な表現ではありません」と改憲理由を説明していましたが、私学助成が違憲ではない憲法上の根拠は、私立学校（の教育）が「公の支配」に属しているからではなく、「教育を受ける権利」（憲法第26条）を金銭面で保障するためであると解すべきです。ですから、あえて明文改憲する必要はどこにもないのです。自民党は、本心では私学助成を違憲ではないと考えているにもかかわらず、改憲の口実をつくるために私学助成を違憲と言い始め、改憲を主張しているのです。

また、改憲成立後に国が堂々と学校教育に介入するとなると、それに対する批判をかわすためにも、憲法第89条の「公の支配」の文言を「公の監督」に変更しようとしているのです。と同時に、前述の第26条第3項の加憲の下で、その「監督」を口実に、国が私立学校の教育にも介入する魂胆なのです。教育は国公立の学校での教育に限定されず、私立の学校での教育も含んでいるからです。したがって、第89条改憲も改悪です。

(6)「自然災害への対処」を口実にした緊急事態条項加憲の本音

天皇主権の大日本帝国憲法（１８９０年11月29日施行）は天皇に、帝国議会閉会中緊急の必要がある場合法律に代わる緊急勅令(第8条。ただし国会の事後承認が必要)を認めていました。一方、国民主権の日本国憲法は、貴族院を廃止し、参議院を採用し、衆議院とともに衆参各院の国会議員は主権者国民の選挙で選出されるようになりました。このように主権者国民の代表機関となった国会は、「国権の最高機関」でもあり、かつ「国の唯一の立法機関」と位置づけられました（第41条）。そして、衆議院が解散しているときに緊急の必要があれば内閣が参議院の緊急集会を求めることができると定めました（第54条第2項）。こうして日本国憲法では、政府が国会の定める法律に反する命令を発令することが禁止されるようになり、緊急事態条項は採用されませんでした。

また、日本国憲法は、基本的人権尊重主義という基本原理を採用しました。基本的人権は、いわゆる「公共の福祉」の制約（第12条、第13条、第22条、第29条）を受けますが、国会であっても基本的人権を不当に制限する法律を制定することは許されません（第13条）し、政府が法律の定めなく人権を制限する命令（政令）を発令することも禁止されたのです。もし違憲の立法・政令があれば、裁判所がそれを違憲と判示することができます（第81条）し、違憲の法令は無効になります（第98条第1項）。

それゆえ、政府は法律の制定・改廃をする時間的余裕がない緊急事態の場合でも、基本的人権を制約する政令（緊急政令）を発令することは禁止されているのです。

前述の「憲法改正に関する論点取りまとめ」（２０１７年12月20日）は、「憲法改正推進本部に

自民党憲法改正推進本部条文イメージ（たたき台素案）2018年3月26日
第73条の2　大地震その他の異常かつ大規模な災害により、国会による法律の制定を待ついとまがないと認める特別の事情があるときは、内閣は、法律で定めるところにより、国民の生命、身体及び財産を保護するため、政令を制定することができる。 (2)　内閣は、前項の政令を制定したときは、前項の政令又法律で定めるところにより、速やかに国会の承認を求めなければならない。 （※内閣の事務を定める第73条の次に追加）
第64条の2　大地震その他の異常かつ大規模な災害により、衆議院議員の総選挙又は参議院議員の通常選挙の適正な実施が困難であると認めるときは、国会は、法律で定めるところにより、各議院の出席議員の3分の2以上の多数で、その任期の特例を定めることができる。 （※国会の章の末尾に特例規定として追加）

おける議論の状況」として、阪神淡路大震災や東日本大震災などで経験した緊急事態への対応……など、わが国が直面する国内外の情勢等に鑑み、まさに今、国民に問うにふさわしいと判断されたテーマとして、…、②統治機構のあり方に関する『緊急事態』…である」としていました。

そして、「各テーマにおける議論の状況と方向性」として、「緊急事態について」「①選挙ができない事態に備え、『国会議員の任期延長や選挙期日の特例等を憲法に規定すべき』との意見」「②諸外国の憲法に見られるように、『政府への権限集中や私権制限を含めた緊急事態条項を憲法に規定すべき』との意見」の二通りが述べられた、とまとめていました。

前述の「憲法改正に関する議論の状況について」（2018年3月26日）は、「緊急事態対応」に関しては、「『国民の生命と財産の保護』の関連から」「①選挙実施が困難な場合における国会議員の任期延長等、②個別法に基づく緊急政令の制定の規定を設けることができる旨規定しておくことが、立憲主義の精神にもかなうと考えられる」として、『条文イメージ（たたき台素案）』として、次のようなものが考えられるのではないないか」とまとめていました（前頁を参照）。

これは、緊急事態の場合の内閣の政令制定権の新設と国会議員の任期延長の特例で構成されています。

注目点は自民党「日本国憲法改正草案」（２０１２年）にあった「我が国に対する外部からの武力攻撃、内乱等による社会秩序の混乱」「緊急事態」という表現はなく、「大地震その他の異常かつ大規模な災害」という表現だけになったことです。では、今の安倍自民党は、大規模自然災害に対する緊急事態対応に限定して二つの緊急事態条項を新設しようとしているのでしょうか？

もしそうだとすると、加憲の憲法改正を行う必要はありません。というのは緊急事態条項のない日本国憲法の下でも「災害対策基本法」が制定されており、大規模な自然災害への対応が可能だからです。ですから、国民のために自然災害への対応をするのは政権のやる気さえあれば可能なのです。もし、その対応が不十分だとすれば、それは日本国憲法の責任ではなく、政権の問題です。

安倍自民党の緊急事態新設の最大の狙いの第一は、大規模自然災害とその対応を口実にして、国会を無視して内閣の政令制定権を行使し、議会制民主主義と三権分立制を否定した内閣優位の政治・行政を実現して基本的人権を不当に制限すること、また、衆参の国政選挙の延期、最悪の場合、延長し続けて国政選挙を行わないことなのです。運用次第では独裁政治が可能になることを忘れてはなりません。

第二は、「日本国憲法改正草案」（２０１２年）にあり、「自民党憲法改正推進本部条文イメージ（たたき台素案）」（２０１８年3月26日）になかった「我が国に対する外部からの武力攻撃」等でも、緊急事態対応により内閣の政令制定権の行使と国会議員の任期延長を目論んでいるのです。というのは、自民党は「災害」に「武力攻撃」（戦争）を含めて理解しているからです。例えば、国民保護法（武力攻撃事態等における国民の保護のための措置に関する法律）には、「武力攻撃災害」という表現があり、それは「武力攻撃により直接又は間接に生ずる人の死亡又は負傷、火事、爆発、放射性物質の放出その他の人的又は物的災害」と定義されているからです（第2条第4項）。

つまり、自民党の国会議員の頭には、「災害」とは「武力行使」（戦争）による場合も含まれているのです。ですから、「自民党憲法改正推進本部条文イメージ（たたき台素案）」には、「我が国に対する外部からの武力攻撃」等がなくても、その加憲が成立すれば、「武力行使」（戦争）でも緊急事態対応が憲法上可能だと解釈され、そのように運用されてしまうでしょう。憲法改正の狙いの第二は、この点にあるのです。安倍自民党が憲法上も「戦争できる国家」づくりを目指しているのですから、その場合の憲法上の緊急事態対応を目指しているのは、当然と言えば当然のことなのです。

なお、今年1月28日の衆議院予算委員会で、「日本維新の会」の馬場伸幸幹事長は、新型コロナについて加藤勝信厚生労働相大臣らとの質疑をした後、憲法の緊急事態条項の問題を取り上げ、「憲法改正問題の中でも自民党がイメージしている緊急事態条項は、国民が聞いてもよく分からない。新型コロナウイルスの感染拡大は、非常に良いお手本になる」と発言し、これを受けて安倍首相は「緊急事態条項の議論を含め、国会の憲法審査会の場において、与野党の枠を超えた議論が展開されることを期待する」と応じました。

また、自民党の長老・伊吹文明元衆院議長は、1月30日、二階派の会合でスピーチし、新型コロナ肺炎に触れて「これは緊急事態に対して憲法に保障されている個人の移動の自由や勤労の自由、居住の自由を、公益を、どう押さえるかというバランスの問題だ」と切り出し、前・29日の参議院予算委員会で国民民主党の森裕子議員が、指定感染症の施行日を早めるように求めたことを取り上げ「私たちもそう思う。しかし憲法がある限りは、個人の権利と自由を明記している。だから憲法改正の大きな実験台と考えた方がいい」と語ったのです（「新型コロナウイルスを改憲論議に利用する安倍政権のあざとさ　『憲法改正の大きな実験台だ』」プレジデントオンライン２０２０年2月4日18時）。

おわりに

以上、「自民党憲法改正推進本部条文イメージ（たたき台素案）」は、どれ一つとっても有害・危険です。一人でも多くの国民にそのことを知ってもらう運動が必要です。国会にその発議をさせてはなりません（第4章の1と2も参照）。

そのためには、来る衆議院総選挙で自民党・公明党・「日本維新の会」などの改憲勢力が「3分の2」を獲得することを絶対阻止しなければなりません。そこで重要なことは、２０１９年参議院選挙を分析のしたところでマスコミの調査結果を紹介したように、改憲政党の支持者の中にも明文改憲に反対している人たちが一定の割合でいることです。また、支持政党なし層にも、安倍改憲に反対する人たちがいます。これらの人たちが改憲政党に明文改憲を断念させる投票行動、できれば、健全野党とその統一候補者に投票してもらえる、そういう運動が必要になります。

この運動は、最大の目標である希望の政治を実現する野党連合政権をつくるための運動の中の一つでもあります。ですから、安倍自民党に明文改憲を断念させる選挙結果とそのための運動が必要ですが、それで満足してはなりません。希望の政治を実現する野党連合政権を誕生させる選挙結果とそのための運動が私たちには求められるのです。

【第3章】

野党は連合政権構想を今すぐに

——世界の「幸福大国」に学びながら——

石川康宏

1．野党連合政権で日本の「のびしろ」を活かしていく

「のびしろ＝伸びしろ」。ネットの辞書（goo国語辞書）で調べてみると「能力を出し切ってはいず、まだ成長する余地があること。『芸の伸び代が大きい』」とあり、さらに「平成17年（2005）前後からスポーツ界で使われ、多方面に広がった」とありました。ずいぶん新しい言葉なんですね。ここでは日本社会の「のびしろ」について、つまりは日本の社会が今の陰鬱さをこえて、誰にとっても「希望のもてる社会」にかわっていけるその現代的な可能性を考えてみます。社会はかわる。キーワードは野党連合政権です。

「いまの政治はひどすぎる」「これまでの自民党よりもずっと悪い」「なんとかならないか」。そういう声が、2016年の参院選ではじめて「市民と野党の共闘」を生み出し、2017年の衆院選、2019年の参院選でこれを前進させて、いよいよその延長線上に、野党連合政権を展望するところまでやってきました。苦労はありましたし、今後も乗り越えねばならない課題はたくさんあるのでしょうが、日本もまだまだ捨てたものではありません。

こうした連合政権の最初のきっかけは、戦争法（安保法制）が強行採決された2015年9月19日に、共産党が「安保法廃止の国民連合政権」を呼びかけたことでした。ただちに他の野党から反応があったわけではありませんが、同年末の12月20日に結成された「市民連合」は、最初から立憲野党との共闘による新しい政権づくりを掲げていました。今では野党各党（まともな野党でない維新やN国は除いて）の幹部が、積極的にこれを語るようになっていますから、「ようやく明るい光が見えてきた」「ここまでがんばってきてよかった」。そんな気持ちの方も多いのではないでしょ

うか。

さて、話がここまで進んでくると、あらためて考えねばならないのはその連合政権が担う政治の中身についてです。野党連合政権は「安倍政治をやめさせる」ためだけの政権ではありません。それにとってかわる新しい政治を展開し、日本に新しい希望を生み出すための政権です。そこには新しい希望を広げる具体的な政策がなければなりません。

「市民連合」は発足の際に、それを、（１）安保法制の廃止、（２）立憲主義の回復、（３）個人の尊厳を尊重する政治とまとめました。また「市民と野党の共闘」は、国政選挙のたびに「共通政策」を練り上げ、２０１９年の参院選ではそれを13項目に整理しています。大きな柱は、（１）立憲主義・平和主義の回復、（２）市民のくらしを直接応援、（３）すべての個人の尊厳を尊重するなどです。参院選の後も、カジノ反対、２０５０年までのＣＯ２排出ゼロ、核兵器禁止条約の批准など、野党の政策合意はどんどん広がっています。

野党連合政権の姿を鮮明にする作業は、２００９年につくられた民主党中心の連立政権（社民党、国民新党との共同政権でしたが、民主党のマニフェストにはなかった消費税増税を実施するなど、各政党内部でも政党間でも政策合意が不十分で空中分解してしまいました）の失敗を繰り返さない保証をつくるものともなるものです。以下では、新しい野党連合政権がもつ大きな可能性を考えます。

2．日本より幸福で平等で効率的な国

手元に『フィンランド人はなぜ午後4時に仕事が終わるのか』（ポプラ新書、２０１９年）とい

う本があります。書いたのは堀内都喜子さん。日本のフィンランド大使館で働いている方だそうです。表紙には「有休消化100％」「1人あたりのGDP日本の1・25倍」（GDPは国内総生産のことです）「在宅勤務3割」「2年連続！幸福度世界1位」といった言葉が踊っています。

日本の現状に照らしてみると、驚くべき言葉の連続です。北欧諸国の福祉が充実していることは日本でもよく知られたことですが、それだけでなくこの国には大人の夏休みが1カ月もあり（もちろんその間も賃金は支払われます）、フルタイムではたらく人が夕方4時に帰るのは当たり前で、それでいて1人あたりのGDPは労働時間のずっと長い日本人の1・25倍もあるというのです。

著者は「日本は働き方改革が叫ばれ、ワークライフバランスという言葉がここ数年頻繁に使われるようになってきた。まだまだ歩みは遅いが、それでも働き方は変わりつつある。そんな日本が目指す先に、フィンランドがあるのではないだろうか」と問いかけています。

魅力的な言葉ですね。もちろん日本には社会の日本的な特徴があり、人の考え方の独自性もありますから、なんでもよその国のまねをする必要はありません。また実際、なんでもまねができるものでもないでしょう。しかし、よりよい人間社会をめざす努力は世界各地でされています。そうであれば、それらに学ばない手はありません。各国の努力や工夫をよく知り「希望ある日本」を開くための参考にするのは効率的な方法の一つです。

この本では、特に「働き方」に焦点があてられていますが、フィンランドが最近2年連続で世界1位となった「幸福度」は、「働き方」だけでなく「各国のGDP、社会的支援、健康寿命、人生の選択の自由度、社会的寛容さ、社会の腐敗度といった要素に、国民に今の幸せの評価を聞いた調

フィンランドと日本の国会議員の年代別構成比（%）

	20代	30代	40代	50代	60代	70歳以上	平均年齢	女性議員の割合
フィンランド	3.5	25.5	28.5	26.5	14.5	1.5	47歳	46%
日本	0	3.7	23.3	32.3	29.4	11.4	57歳	14%

※日本は参院のみで、被選挙権は30歳以上。平均年齢と女性の割合は衆参の合計

査、および全項目が最低である架空の国（ディストピア）との比較といったことを元に総合的」に出されているものです。まとめているのは国連の持続可能開発ソリューションネットワークという団体です。

２０１９年の幸福度ランキングのベスト10は、１位フィンランド、２位デンマーク、３位ノルウェー、４位アイスランド、５位オランダ、６位スイス、７位スウェーデン、８位ニュージーランド、９位カナダ、10位オーストリアとなっ

フィンランド最大紙「ヘルシンギン・サノマット」のジャーナリストが、サンナ・マリン氏らフィンランド連立政権５党の党首の画像をツイート（出所：Tuomas Niskakangas 氏の Twitter）

ており、北欧諸国が半数を占めています。

ついでに、いくつか関連する指標も見ておきましょう。先ずはジェンダー・ギャップについてです。世界経済フォーラムが発表している「グローバル・ジェンダー・ギャップ・リポート」の2019年版は、「政治的な意思決定への参加」「経済活動への参加と機会」「教育」「保健」の4分野14項目で各国の男女格差を評価しています。

ランキングのベスト10は、1位アイスランド（驚くべきことに11年連続の1位です）、2位ノルウェー、3位フィンランド、4位スウェーデン、5位ニカラグア、6位ニュージーランド、7位アイルランド、8位スペイン、9位ルワンダ、10位ドイツとなっており、ここでも北欧諸国が半数を占めています。

さらにIMF（国際通貨基金）が2019年に発表した1人当たりのGDPでも、北欧諸国が上位に食い込みます。1位ルクセンブルク、2位スイス、3位マカオ、4位ノルウェー、5位アイルランド、6位アイスランド、7位カタール、8位シンガポール、9位アメリカ、10位デンマークという具合です。ちなみに、スウェーデンは12位、フィンランドは15位です。

「なんでも自己責任があたりまえ」「長時間労働は自由競争の必要悪」などと主張する人の中には「福祉を充実させると、人は働かなくなる」という人もいますが、これらの順位を見るとそれがまるで事実と違うことがよくわかります。「福祉が充実している国、誰もが心地よく働ける国では、経済活動も効率的」というのが現代世界の常識です。

お気づきのように、ここまで紹介したランキングには、わが日本の名前が見当たりません。残念ながら、どのランキングでもベスト10には入っていないということです。幸福度ランキングでは58位。安倍政権が２０１２年末に成立した直後の２０１３年43位から、２０１５年46位、２０１６年53位、２０１７年51位、２０１８年54位、２０１９年58位と日本の順位は15位も落ちています。ジェンダー・ギャップ指数ではなんと１２１位。１人当たりＧＤＰでも26位というのが日本の姿です。

「日本はすごい」とやたら自画自賛するテレビの番組もありますが、それはこうして多くの基本的な側面で「日本はもはやすごくなっている」ことの裏返しなのかも知れません。現実の日本は幸福度とジェンダー・ギャップでは過去最低の記録を更新中で、１人当たりのＧＤＰも１９８８年の世界第2位から大きく順位を落としたままです。それは、暮らしづらさが増し、希望が見えづらくなる日本社会の劣化を示したものでもありました。

野党連合政権には、日本にあらためて「幸福」と「平等」と「活力」を生み出すものになってもらわなければなりません。その「のびしろ」は、この社会にも必ずあるはずです。

3．「幸福大国」デンマークの働き方と社会的支援

順位を見ただけではわからないことがたくさんありますから、「目指すべき社会」の参考資料を求めて、世界のトップを走る社会の実態をもう少し突っ込んで見てみましょう。同じ北欧のデンマークという国に注目してみます。先に見たランキングの最新の数字で、デンマークは幸福度で世界第2位、ジェンダー・ギャップで13位、１人当たりＧＤＰで10位となっており、幸福度ランキングだ

けをとれば、過去7回の発表の中で第1位に、2012年、2013年、2016年と三度輝いた唯一の国で、他の年も2015年3位、2017年2位、2018年3位、2019年2位と常にトップ3に入っているいわば「幸福大国」の常連メダリストです。そこには参考になるものがきっとあるはずです。

デンマーク社会の現状を、まず一つ目に、市民の働き方から見てみます。

（1）この国の週労働時間の上限は37時間となっています。これは労働者が使用者（経営者）と交渉して決める労使協定で決まっています。つまり、デンマークは日本に比べて経営者に対抗する労働者の力が強い国だということです。実際、労働組合への労働者の加入率は、日本は17％程度ですが、デンマークは65〜70％で賃金労働者が3人集まれば2人は労働組合員という比率になっています。カフェもレストランも、たいていの場所で労働組合員が多数派という社会です。日本では、本来25％以上の割り増しで支払われなければならない残業代がきちんと払われないことが大きな問題になっていますが、デンマークでは1日の残業の3時間までは50％増し、4時間目以降の残業となれば賃金は100％増し、つまり2倍となっています。

デンマークでは多くの人が自転車を利用しており、大きな道路には自転車専用レーンが車道や歩道と別にもうけられています。保育所のお迎えに向かう父親の帰宅ラッシュは3時半から5時ぐらいで、子どものいない人も5時には退社するのが普通になっています。日本とは社会の光景がまるで違いますね。

（2）賃金の最低限は、これも労使協定によって110デンマーク・クローネと決まっており、この原稿を書いている今日3月27日のレートでは１７７０円くらいです。日本の最低賃金の全国平均が９０１円ですから、およそ１・96倍です。日本の金額を都道府県別に見ると、もっとも高い東京が１０１３円、もっとも低い青森・沖縄など全国15県が７９０円で、これら15県から見るとデンマークは２・56倍となります。「働きがい」にも大きな違いがあるということです。

これとは別に、13歳から17歳までの未成年者向け最低賃金が決められており、これが65～70クローネです。およそ１０５０円から１１３０円くらいで、東京の大人たちより高くなっており、この数字を伝えると私の勤め先の学生たちもたいていガックリと首を落とします。

（３）有給休暇は年６週間で、フィンランド同様、消化率はほぼ１００％です。しかも、６週のうち３週は一度にまとめて取る権利が全労働者に保障されています。つまり「夏休み」は子どもたちだけでなく家族でゆっくりすごすことができ、そのため海辺には長期休暇者用の小さなコテージがたくさんつくられてい

駐日デンマーク大使館
@DanishEmbTokyo
この季節、デンマークでは夏休みの予定で話題はもちきり。デンマークでは一般的に最低3週間連続の休暇を取る権利が認められています。
facebook.com/EmbassyDenmark...
15:50 · 2018/05/24 · Twitter Web Client
261件のリツイート 528件のいいね
出所：駐日デンマーク大使館の Twitter より

ます（前頁の写真）。このように休暇がしっかり取れるのは、職場の人員が「いつも誰かは休んでいるもの」ということを前提に採用、配置されているからで、「私が休めば職場に迷惑がかかる」ということを労働者が心配せねばならない日本とは大違いです。

二つ目に、社会保障と教育を見ていきます。

（4）デンマークでは診療所や病院は無料です。まず病院に行く前に「家庭医」にかかるのが通常で、これは日本でいうところの「かかりつけのお医者さん」です。この「家庭医」は有料ですが、家庭医の判断にしたがって診療所や病院に行くと、そこはすべて無料になっているのです。日本では「お金がない」ことは「自己責任」だと言われ「お金がないから病院に行けない」ことも、何か当たり前のようになっていますが、デンマークはそれではいけないと、これを税金でまかなうようにしています。

かつてはデンマークにも医療保険制度がありましたが、それでは保険料を払えない人に医療が保障できないとして制度を転換したそうです。病院には「会計の窓口」がどこにもなく、そのための順番待ちといった光景もありません。

（5）介護も基本的に無料です。これも税金でまかなわれています。その上で最近のデンマークに特徴的なのは、介護の重点を「老人ホーム」中心型から「在宅ケア」中心型へと大きく政策的に移していることです。「在宅ケア」中心型にしても、介護は無料ですから、日本のように家庭の女性に過剰な負担がかかることはありません。実際、デンマークの女性の労働力率は70％代後半と世界のトップクラスになっています。

「在宅ケア」中心型にかえてきた主な理由は、なんでも「老人ホーム」の職員がやってしまうのでなく、高齢者の自立支援に力を入れるという考え方の転換でした。これを支える高齢者支援の３原則というのがあり、それは、①できるかぎり住み慣れた環境で暮らしつづけられるようにする――これが在宅ケアの充実につながる考え方の根本です、②本人の自己決定を尊重して支援の内容を決めていく、③からだの自由が効かなくなってきても、その時々の能力をできるだけ生かす支援を行っていくというものです。「生きる」ための最低限のケアで精一杯という日本とはずいぶん違っていますよね。

（６）教育についても見ておくと、デンマークでは幼稚園から大学院まで学費、授業料は無料です。そのうえ全大学生・大学院生に――生活に困っている学生だけでなく全学生です――毎月約10万円の奨学金が「給付」されます。「返済無用」の文字どおりの奨学金ということです。日本で言えば日本学生支援機構、むかしの日本育英会ですが、その支援機構が行っているのは「給付」ではなく「貸与」です。「あとで返せ」というものです。日本学生支援機構は２０２０年４月から「給付」型を開始しますが、これは現在の授業料減免枠を大きく減らしながら行うもので、それでは新たに多くの学生が切り捨てられるではないかと、大学関係者から強い批判の声があがっています。

日本の萩生田光一文部科学大臣は「貧乏人はそれらしい受験方法を選べ」ということを「身の丈」という言葉で表現しましたが（２０１９年10月29日の発言）、「給付」があたりまえのデンマークでは、学生は家庭の経済力にかかわらず学ぶことができ、親から子への「貧困の連鎖」を一代で断ち切ることが可能になっています。

家族構成別の貧困率

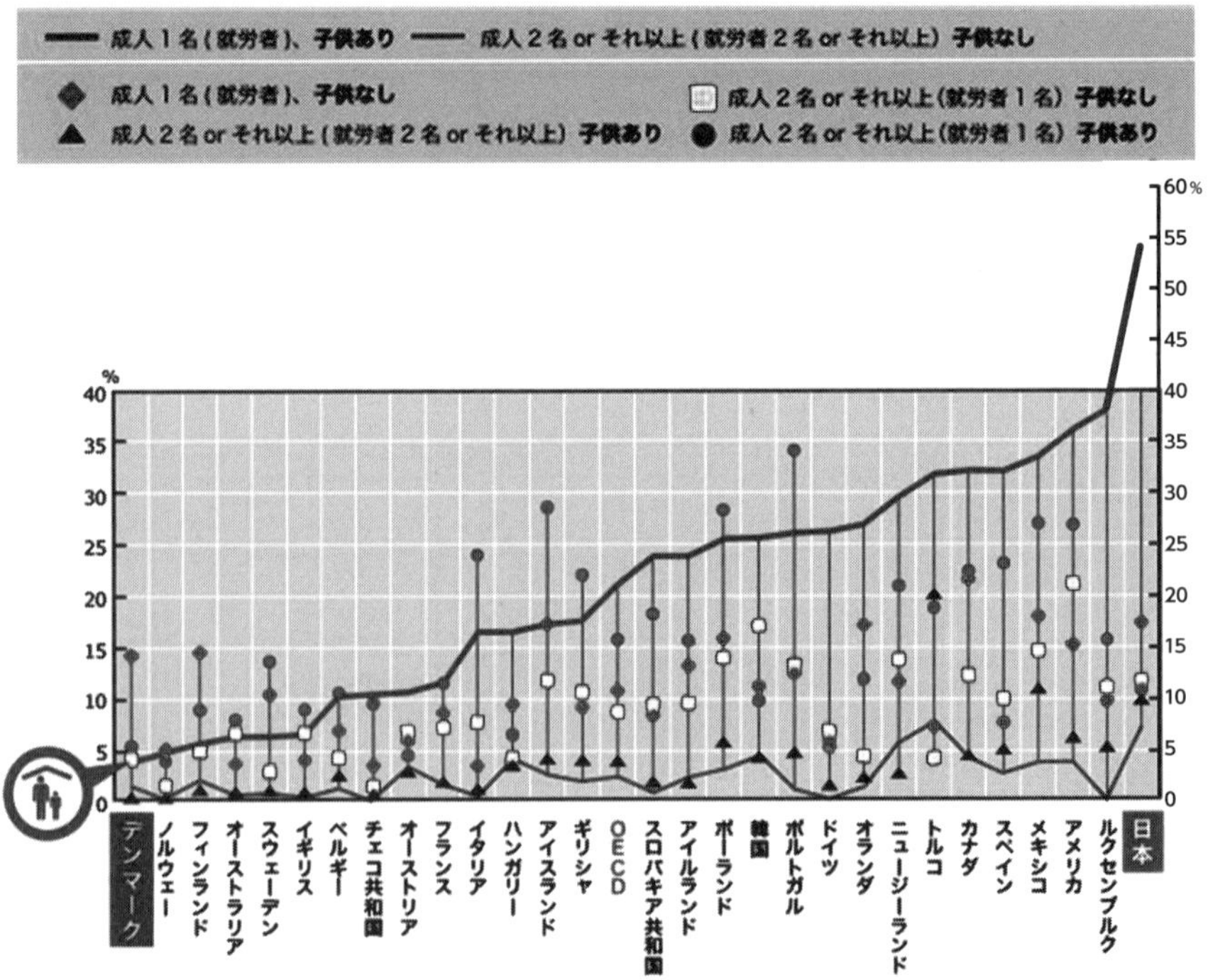

出所：駐日デンマーク大使館の Twitter の図を一部加工

（7）大学生たちだけでなく、18歳未満の子どもにも毎月約16000円から26000円の「子ども手当て」が支払われます。就学前までとか、中学生までといったことはなく、成人に達するまでの子育て支援です。保育園は有料ですが半額以上は国の助成でまかなわれ、残りも「子ども手当て」をあてられますから、事実上ほぼ無料になっています。15～17歳の「子ども手当て」が約16000円なのに、大学生になると急に10万円にアップされるのは、デンマークが「18歳にもなれば親からの自立が当然」というお国柄になっているからです。つまり「子ども手当て」は自活できるようになるまでの支援ということです。

（８）日本では子どもの貧困や子育て世代、さらにはシングルマザー家庭の貧困が深刻で、ボランティアによる「子ども食堂」が全国４０００カ所近くになり、新たにシングルマザー家庭への直接的な「応援」も広がっていますが、デンマークでは貧困を「自己責任」と突き放すことのない行政による施策の結果、貧困率はきわめて低く、特に母子家庭や父子家庭など一人親家庭の貧困率は世界でもっとも低くなっています（前頁のグラフ）。

日本社会とのあまりの違いに驚く方もおられるかも知れません。しかし、紹介しているのはＳＦ小説の中の話ではなく、いま地球の裏側に実在する社会のお話です。これが世界1位と世界58位のリアルな実力差なのです。しかも、こうしたタイプの社会はデンマークだけでなく、先にフィンランドにふれましたが、北欧諸国ではかなり当たり前のもので、西欧にも大きな影響を与えています。あらためて比べてみると、日本の市民の生活水準と社会づくりの到達は、とても「先進国」と呼べるものではありません。「発展途上国」あるいは悲しいかな「衰退途上国」にさえ見えてきます。

このような「衰退」に歯止めをかけるためにも、税金を何より市民のくらしにつかう政治をつくっていかねばなりません。

4．投票率84・5％でさらによりよい社会をめざす

もう少し、いくつかの側面を見ていきます。

（９）さきに1人当たりのＧＤＰについて見ましたが、日本より労働時間がずっと短いデンマークの方が1人当たりのＧＤＰがずっと大きいということは、デンマークの方が時間あたりの労働生

産性、つまりは労働の効率がはるかに高いということです。IMFのものとは少し基準がかわりますが、OECDによる加盟36カ国の調査によるとデンマークの時間あたり労働生産性（2018年）は11万1393ドルで世界第9位、それに対して日本は8万1258ドルで世界21位です。デンマークの方が日本より1・4倍も効率的だということです。

これは日本の労働者が怠惰だということを示すものではありません。サービス残業をふくめて断トツで世界一といわれる長時間労働の実態では、朝から晩まで集中して働くことなどそもそもできるわけがありません。それに加えて時間あたりの賃金が低いとなれば——日本で実質賃金がもっとも高かったのは1997年で、以後今日までこの水準を回復することができていません——モチベーションを高く維持できるはずもないのです。むしろ命と健康を守るには、適当にサボることが必要とさえ言える実態です。「過労死」を生み出したことをさっぱり反省せず、セクハラやパワハラも放置されるといった野蛮な「企業文化」も強く影響しています。これら労働者が抱え込まされている問題は、ほとんどが個人の努力だけで解決できるものではなく、安心して、気持ちよく働けるかという労働環境の問題となっています。

(10) ますます深刻化する気候変動への対策ですが、デンマークは再生可能エネルギー、その中でも特に風力発電の急速な増加でCO2排出量を減らしています。風力発電は、2017年、18年と電力需要の40％以上をまかなうまでに育っており、さらにデンマーク政府は2050年に全電力を再生可能エネルギーでまかなうことを国家目標としています。かつてのオイル・ショックをきっかけに、1976年にはデンマークでも政府が原発15基を建設する計画をつくりました。しかし、市民運動がこれにブレーキをかけ、１９８５年には原発をもたないことを国会で決定します。

左のグラフは１９７０年代から２０１０年代にかけてのものですが、左から右へ下がっているのがＣＯ２の排出量です。まん中でほぼ横ばいなのがエネルギーの使用量です。節電がうまくできているということです。そして左下から右上に一直線に上昇しているのがデンマークのＧＤＰです。日本には「原発や火力発電を減らすと経済が大変なことになる」という人がいますが、デンマークは「原発をつくらず火力発電も減らしながら日本とは比べ物にならない高い経済成長を達成している」わけで、その主張の誤りはこのグラフ一つで証明されています。

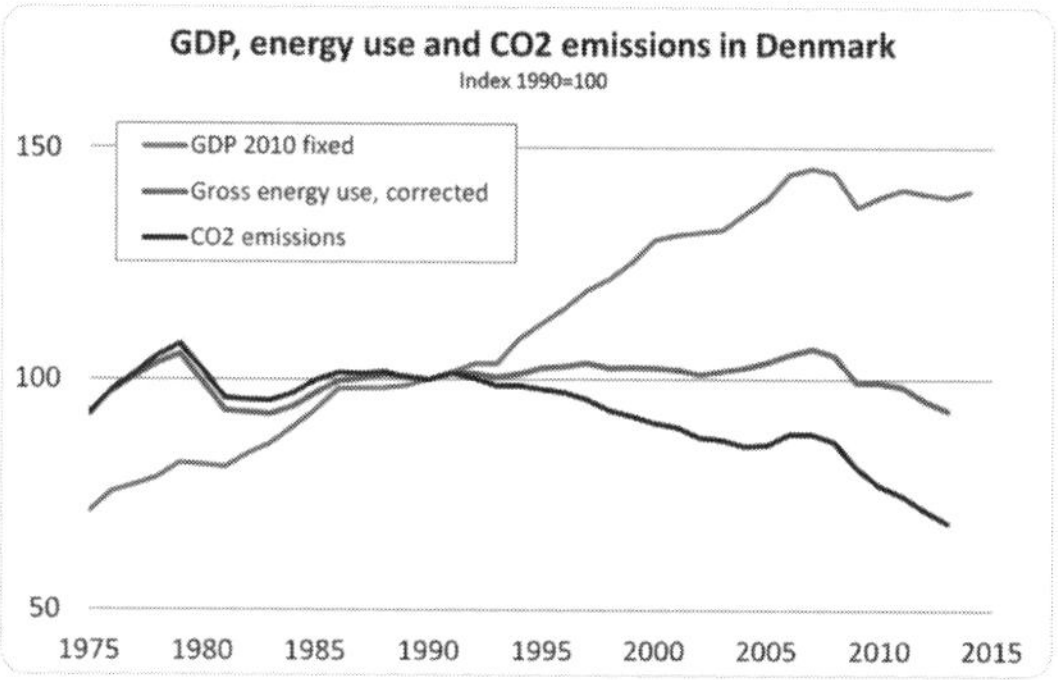

出所：駐日デンマーク大使館の Twitter より

東京電力福島第一原発の事故から9年がたったいま、被災を小さく見せようとする政府のカウントでも5万に近い人が自宅に帰れないままでいます。それにもかかわらず原発を今後もベースロード電源に据えると言い、国内だけでなく海外にもＣＯ２を大量に排出する火力発電設備を輸出するという日本は、国際社会の大問題児となっています。ドイツのジャーマン・ウォッチというシンクタンクが毎年、世界の主要排出国60カ国のランキングを発表していますが、２０１９年の日本は60カ国中49位の低さでした。２０１９年12月には、世界の１９０を超える国と地域が集まり、地球温暖化対策を話し合うＣＯＰ25が開かれましたが、そこで国連のグテーレス事務総長が強調したのは「石炭からの脱却」でした。しかし、この問題にまるでふれない小泉進次郎環境相の無内容な演説を受けて——この人は何につけてもトンチンカンな発言ばかりですが、国連ＮＧＯのグループは今回も日本を「化石賞」に選出しました。CO_2を大量に発生させる「化石」燃料にいまだに固執する、頭が「化石」のように固い国ということなのでしょう。世界にかける迷惑を小さくするためにも、政治の転換を急がなければなりません。

（11）こうした政治を行うために、国民や企業が税や保険料をどれだけ負担しているかという「国民負担率」の問題も見ておくと、２０１５年のＯＥＣＤ諸国の比較でデンマークは65・8％となっており、日本42・6％のおよそ１・５倍となっています。消費税率は25％という高さです。負担率が１・５倍以上、消費税は２・５倍。それだけを取れば、とても耐えられないように思えますが、しかし、この「負担」はその率や額だけで評価できるものではありません。

駐日デンマーク大使館
@DanishEmbTokyo
デンマーク🇩🇰は税金が重いことはよく知られています。
でも、健康・介護保険、年金保険などの保険料負担はないことをご存知ですか？それに学校の授業料負担も、医療の自己負担もありません。
税金が重くても他の負担がないシンプルなシステムだから、国民に受け入れられているんですよ😃
13:59 · 2018/06/14 · Twitter for iPhone
1934件のリツイート 3142件のいいね

出所：駐日デンマーク大使館のTwitterより

日本はデンマークより「国民負担」は低いけれど、学費や医療費や介護費などの「私的負担」が高く、デンマークは日本より「国民負担」は高いけれど、それらの「私的負担」はずっと低くなっています。私たちのくらしは「私的負担」と国民負担にもとづく「公的支援」の両方から成り立っており、「国民負担」の高さもその全体の中で考える必要があるからです。

「国民負担」が高くても、そのぶん私たちへの「公的支援」が高くなればいいというのは、消費税がいくら上がってもそれが大企業の減税や大型公共事業や軍事費や、「安倍首相個人のための桜を見る会」などに消えてしまい、市民の生活支援にまるで還ってこない日本ではなかなか想像しづらいところです。しかし、税や保険料は本来私たちの暮らしのために使われるべきものです。

加えて言えば、デンマークでも税金は消費税だけではありません。デンマークの税収の３分の２は直接税、つまり国と地方の所得税や不動産税、法人税などでまかなわれており、消費税は実は税収の５分の１程度にしかなっていません。最も額が大きいのは市町村の所得税で、そこでは「税による所得の再分配」がちゃんと機能しているのです。

(12) 最後に、政治に市民の意思を反映する選挙についても見ておきます。デンマークの選挙制度は、投票者の意思が国会の議席数に反映されづらい日本のような小選挙区制中心ではなく、得票数と議席数が正比例する比例代表制が基本となっています。その中で、国政選挙の投票率は80％を割ったことがありません。直近の２０１９年6月に行われた国政選挙も84・５％です。「幸福度」世界トップクラスのこの社会は、多くの市民自身の判断にもとづいてつくられているということです。

日本の２０１９年参院選の投票率は48・８％でした。日本に小選挙区制が導入されたのは

1996年の衆院選からですが、それによって「よりよい政治」を求める市民の声が政治に届きにくくなり、「政治には期待しない」「あきらめている」という声が次第に広まりました。しかし、もう一度、あらためて政治に向き合い直し、社会をかえる行動が必要なのではないでしょうか。

見てきたように、デンマークと日本の社会の相違はきわめて大きく、人間社会としての成熟度あるいは大人度の違いは明白です。この点についてもっと詳しく知りたい方は、銭本隆行さんの『デンマーク流「幸せの国」のつくりかた』(明石書店、2012年)などを読んでみてください。

一言加えておくと、今年(2020年)はアメリカ大統領選挙の年になっています。前回2016年の選挙では、自称「民主的社会主義者」のバーニー・サンダースが大旋風を巻き起こし、今回の選挙でも民主党の候補者争いで大奮闘しています。実は高等教育の無償化、最低賃金の引上げ、TPP反対などをかかげたサンダースが「民主的社会主義」の国として具体的にイメージしているのは、他ならぬこのデンマークなのです。「大資本の行動の自由」を世界に拡げる拠点のアメリカにさえ、いや、むしろそういうアメリカであるからこそ、デンマークのような「福祉国家」への社会づくりの転換の動きが生まれているわけで、アメリカ政府の後追いをして新自由主義を押し進めてきた日本の社会に同じような動きが出てくるのは少しも不思議なことではありません。

5. デンマークはどうしてこうなれたのか

もう少しデンマークと日本の違いにこだわってみます。両者のこれほどの相違はいったいどこから生まれてきたのでしょう。同じ資本主義の国で、同じように民主主義をかかげ――安倍政権の語る民主主義は相当に怪しいものですが――、同じ21世紀の地球上にあるにもかかわらず。少し先まわりをして言えば、それは目指すべき社会を自分たちで構想し、みんなでそれを共有し、それを実現する政治を市民が力をあわせてつくっていく、そういう「人々の力」の違いです。社会の成熟度、大人度を決めるのは、なによりその社会を構成している個人の成熟度、大人度です。日本に明るい未来をひらく政治をつくるには、なにより私たち市民の成長が必要です。

今日の社会の変化や発展を、根本のさらに根本から考えた代表的な研究者に、カール・マルクスがいます。みなさんも名前は聞かれたことがあるでしょう。最近、日本でも少しだけ人気がもどってきましたが、マルクスは過去１０００年でもっとも偉大な思想家は誰かというイギリスの公共放送局ＢＢＣが１９９９年に行ったアンケートで第1位に選ばれた人物です。ちなみに、第２位はアインシュタイン、第3位がニュートン、第4位がダーウィンで、第5位に中世イタリアの神学者であるトマス・アクィナスが入るという順番でした。そのマルクスは現代資本主義社会の発展と人間の成長の関係を、おおよそ次のようにとらえました。

①資本主義の社会では、金もうけを第一と考えて突き進む「資本の論理」が経済社会の支配的な原理となる。

②それは科学を生産技術に適応し、社会の生産力を発展させるが、その一方で労働者に低賃金・長時間・過密労働を強要し、労資の貧富の格差を拡げていく。

③その中で、労働者は自分と家族の命と健康を守るために「資本の論理」の無際限な作用に対する抵抗を開始する。

④イギリスでは、長時間労働の是正に向けて1日の標準労働時間を決める半世紀におよぶ労働者の闘いが展開され、19世紀に入ってついに労働時間の短縮が始まる。

⑤こういう意味で「資本の論理」は資本主義の内部に、それを是正する力を育てるものともなっており、労働組合や労働者の政党などがその取り組みの拠点となる。

さらにマルクスは、こうした取り組みを重ねる中で労資の経済格差を前提とした資本主義の限界を超え、人々がより発達した人間社会に進むことも語ります。それはそれでとても大切な話なのですが、ここではそのことの指摘だけにしておきます。

さて、このように無際限な「資本の論理」が、資本主義を改良する力を社会の内部に生み出すというマルクスの究明をヒントにすれば、デンマークと日本の社会の違いの背後にも「資本の論理」に抵抗し、よりよい社会をつくる人々の力の差、その歴史的な蓄積の格差がありそうです。そこを少し見てみましょう。デンマークの歴史については、イェンス・オーイェ・ポールセン『デンマークの歴史教科書』（明石書店、２０１３年）がわかりやすいです。ずいぶん学校での使い方が違うようですが、日本でいえば中学校の教科書にあたるものです。

デンマークで、国王があらゆる民衆の上に君臨した絶対君主制（絶対王制）が打ち倒されたのは１８４８年のことでした。これにつづいて、王も貴族も権力者の誰もが国会の決定にしたがわねばならない、立憲君主制を定める憲法がつくられたのは翌１８４９年のことでした。王制は完全に廃止されるのでなく国会の決定には国王のサインが必要とされ、その意味で国王はまだ立法権の一部を担いましたが、権限は憲法によって大きく制約されました。この時、国会議員を選ぶ有権者とされたのは、経済的に豊かな30歳以上の男性だけでした。しかし、その後、段階的な変化を積み重ねて１９１５年には、貧富にかかわらず、また男女の性の違いにもかかわらず、全成人が等しく有権者となる「普通選挙権」が確立します。

デンマークの経済で、労資関係を基本にした資本主義が支配的になる産業革命が行われたのは、少し遅れて19世紀後半のことでした。その後、次第に「資本の論理」が経済社会の中心に広がります。その結果、労働者は各地に労働組合を結成し、１８７１年にはマルクスが指導した「第一インタナショナル」のデンマーク支部をつくり、これがデンマーク社会民主党を名乗って１８８４年には国会に議席を持つようになります。「資本の論理」がそれへの抵抗の力を社会の内部に育てていったのです。

駐日デンマーク大使館
@DanishEmbTokyo
今日では世界で最も幸福な国と呼ばれるデンマークも、19世紀にはこの映画で描かれているような理不尽でやるせない人生を生きる人たちがいました。家族、愛情、幸福、平和、様々なことを考えさせてくれる作品をご覧ください。
【氷の季節】｜第31回東京国際映画祭
2018.tiff-jp.net
13:46 · 2018/10/31 · Twitter Web Client
29件のリツイート 104件のいいね
出所：駐日デンマーク大使館の Twitter より

その中で、大資本の経営者は「雇用者協会」という今でいう財界団体を形成し、他方で労働者は全国的な「労働組合総連合」をつくりました。そして、激しい衝突の後、両者は１８９９年9月に賃金と労働条件に関する最初の骨太いルールで合意します。

それまで労働組合はストライキ――労働

条件の改善などをもとめて労働者が職場放棄をすることです——を、経営者はロックアウト——職場から労働者をしめだして労働者に賃金を与えず日干しにすることです——を頻繁に繰り返していましたが、この「9月合意」によって両者は2年ごとに労働条件の交渉を行い、それが決裂した時にのみストライキやロックアウトなどの実力行使に出ることを決めたのです。

こうした労働者のたたかいによって、1891年には高齢者の扶養に関する公的な制度がつくられ、1907年にはそれまで労働組合が自力で行っていた失業基金に国も税金を支出するようになり、失業手当が大幅に引き上げられるという変化も生み出されました。政治が市民の生活をささえる公的支援の形成、拡充です。

このようにしてデンマークでは、絶対君主制を乗り越えて民主主義に進んだ19世紀初頭からの国家権力をめぐるたたかいが、経済の世界での公正や民主主義を求める運動に発展し、20世紀初頭には今日の「福祉国家」の土台がつくられました。長くデンマーク社会を研究してきた小池直人さんは、『デンマーク共同社会の歴史と思想』（2017年、大月書店）で、1899年に行われた労資の「9月合意」が20世紀以降のデンマークの制度発展を「決定的に規定」したと述べています。

この先の歴史は省略しますが、その後さらに100年の時間をかけて、つまり1849年の憲法体制から数えれば170年以上の時間をかけて、デンマークは今日のような「幸福大国」に発展したのです。それは「資本の論理」に抗い、よりよい社会を実現していく力を労働者・市民が次第に身につけていくという、多くの人々の政治を動かす力の発達過程でもありました。

6. 日本の遅れを取りもどそう

同じ角度から19世紀以後の日本の歴史を見ると、一体何が見えてくるでしょう。

デンマークに最初の憲法が施行（実施）されたのは１８４９年でしたが、日本で最初の憲法である大日本帝国憲法が施行されたのは１８９０年のことです。時間の遅れはおよそ40年ですが、それ以上に大きく遅れたのはそれらの憲法の内容でした。デンマークの社会はこの憲法によって絶対君主制を抜け出し、立憲主義、議会制民主主義への最初の一歩を踏み出しましたが、これとはまるで反対に、大日本帝国憲法は天皇を唯一の主権者とし、民衆を天皇の家来である「臣民」と位置づけたのです。これは絶対君主制をあらためて民衆に受け入れさせるための憲法でした。

この憲法によって歴史上初めて国会（帝国議会）がつくられましたが、憲法第5条が「天皇は帝国議会の協賛を以て立法権を行う」としたように、立法の主体は国会ではなくあくまで天皇とされました。他に、戦争を始める権利をふくむ軍事問題の決定権も天皇一人が独占しました。「天皇の大権」と呼ばれるものです。さらに、この憲法には「首相」や「内閣」の権限が何も書かれていません。それはあくまで添え物でしかなかったからです。天皇は大臣たちの集まる内閣のはるか上位に君臨するものとされました。

帝国議会は貴族院と衆議院の二院制とされましたが、選挙で議員が選ばれるのは衆議院だけで、その上、１８９０年に初めて行われた衆議院選挙の有権者は、税金15円以上を納入する25歳以上の男性だけで、人数は全人口の１％程度でしかありませんでした。その後、１９２５年に衆議院の選挙権は25歳以上のすべての男性に広められます。しかし、それは天皇を頂点とする社会体制に異議をとなえる者を重罪に処する治安維持法と抱き合わせでのもので、政治の改革を求める庶民の声は最初から抑圧された上でのことでした。日本で天皇から「国民」に主権が移り、男女平等の普通選挙権が成立するのは、１９４５年の敗戦以後、米軍占領下での政治改革と１９４７年に施行された日本国憲法によってのこととなります。デンマークに比べた社会発展の歴史的な遅れは明白です。

経済の分野に資本主義が広がる時期についても、日本はデンマークより後になります。19世紀末から20世紀初頭にかけて、富国強兵をかかげる政府が軍需産業を中心に、いびつな産業革命を推進したというのが日本の経済史研究者の大方の共通認識です。しかし、それによって生まれた労資関係は天皇と臣民の上下関係にも似た身分制的な要素を色濃く残したもので、しかも経済全体をよく見れば、寄生地主と呼ばれた大地主と小作人との半封建的な支配関係にもとづく農業が、最大の生産部門として工業の外側に広がって

大日本帝国憲法下の政治機構

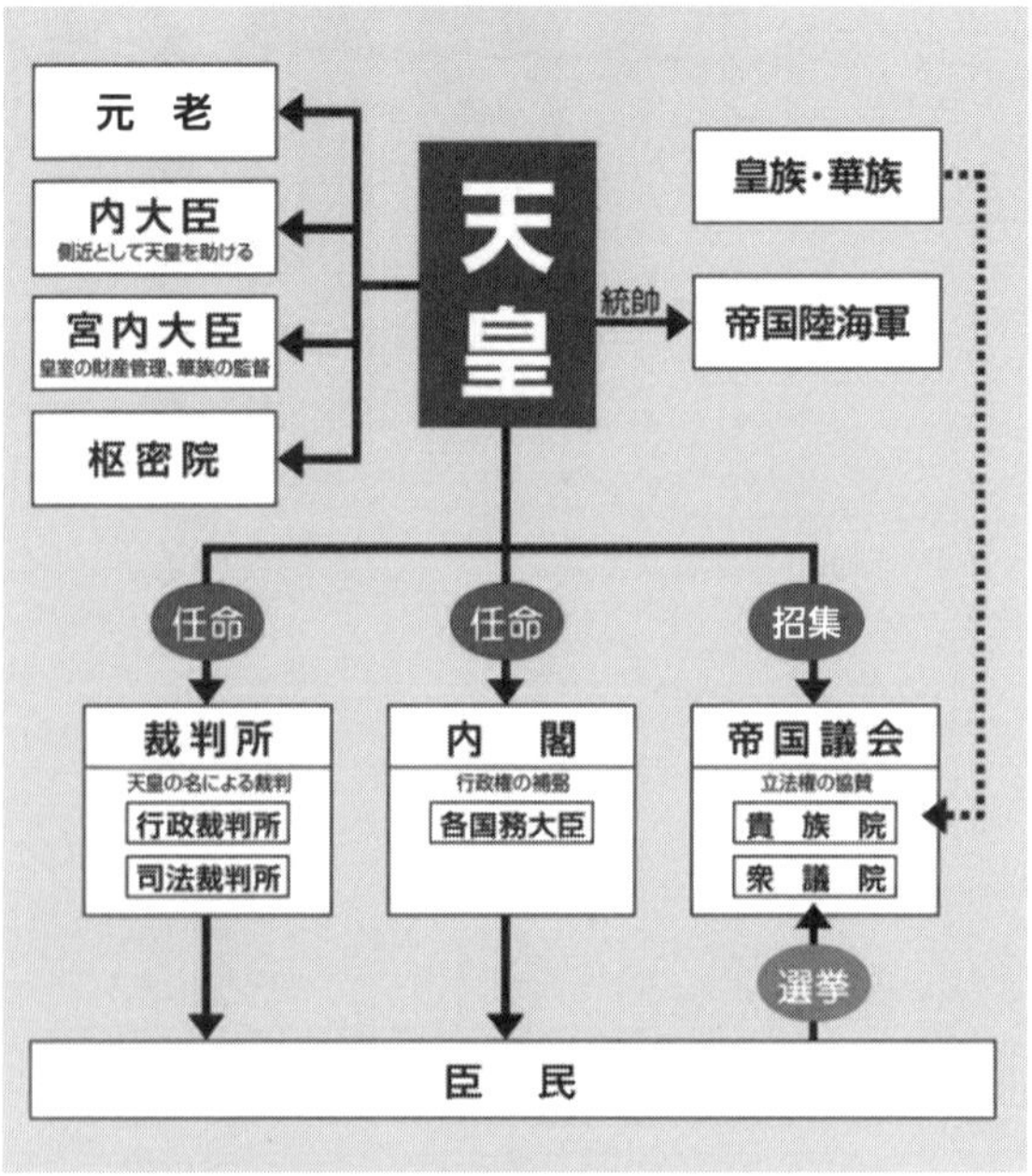

三権分立の形をとっていましたが最終権限は天皇にありました

出所：読谷バーチャル平和資料館
https://heiwa.yomitan.jp/4/3309.html を一部修正

いました。財閥の形成や重化学工業の発展など、次第に資本主義経済は発展します。しかし、それは軍事的専制国家としての政治を転換させるまでには至りませんでした。

資本主義経済の形成の中で、19世紀末には日本にも最初の労働組合が誕生しますが、天皇制政府はこれを許さず弾圧します。１９２２年にはマルクスの思想とつながる日本共産党も創設されますが、１９２５年に制定された治安維持法はこれを狙い撃ちにするものでした。その結果、１９３５年頃までには全国的で組織的な労働者の改革運動はすべて弾圧されてしまいます。デンマークの社会民主党が１８００年代のうちに合法的な政党として国会に議席をもち、労働組合が経営者団体の対等な交渉相手として認められるようになったのとは大違いです。日本で労働組合が合法化され、日本共産党が合法的な活動を許されるようになったのは、やはり米軍占領下での戦後改革の時期のこととなります。

戦前・戦時に一部の先駆的取り組みがあったとはいえ、日本で、多くの市民が労働組合運動、男女の平等を求める運動、平和を追求する運動など様々な社会運動や政治改革の運動にかかわるようになったのは戦後のことで、そのスタートから今日までわずか75年ほどでしかありません。絶対君主制から立憲君主制への社会の発展を実現した１８４８年の政治革命から、すでに１７０年を超えるデンマークとは、歴史の積み上げに大きな格差があるわけです。

マルクスと長く研究と運動をともにしたフリードリヒ・エンゲルスは、アメリカでの労働者運動の遅れを嘆いたドイツ人亡命者に次のように語りました。「大衆が発展するには時間と機会が必要で」「運動のなかで、彼らは、みずから失敗することによって前進し、損害をこうむって賢くなる」（1886年11月29日ゾルゲへの手紙、『マルクス、エンゲルス書簡選集〔下〕』新日本出版社、2012年）。「資本の論理」に抵抗し、よりよい社会をつくる人々の成長には「時間と機会」が必要だ。この言葉は、北欧はじめ欧米諸国に様々な遅れをとる日本の現状を理解する時にも、重要な指針となるものです。他方で、より進んだ社会の歴史を学ぶことは、日本における「時間と機会」の不足を埋める重要な材料ともなるでしょう。

7.「市民連合／市民と野党の共闘」の画期的意義

エンゲルスはドイツの運動家に対する先の助言で、大衆にとって必要な「機会」は「彼らが、独自の運動をもつようになってはじめて得るのであり――それが彼らの独自な運動でありさえすれば、どんな形態であるかは問題にならない――、その運動のなかで、彼らは、みずから失敗することによって前進し、損害をこうむって賢くなる」とも述べました。

戦後日本の社会運動の歴史をふりかえれば、1960年に向けた安保闘争、その前から続いた核兵器廃絶の取り組み、朝日訴訟や保育所増設など社会保障の拡充を求める運動、大資本による公害垂れ流しとのたたかい、女性の地位向上をめざす取り組み、賃金と労働条件の改善をもとめる労働組合運動など、決して長くない75年の間にも「独自の運動」にもとづく「大衆」の発展の貴重な「機会」は様々な側面でつくられてきました。

それらの経験の上に立って2015年末に結成された「市民連合」と2016年に開始された「市民と野党の共闘」は、政治の個々の側面だけでなく、立憲主義の原則にもとづいて日本国憲法の全

「市民と野党の共闘」の出発点
（写真）「市民連合」結成の記者会見。（左から）中野、佐藤、高田、諏訪原、西郷、山口の各氏＝20日、東京都千代田区
15年安保法強行、「安保法制の廃止と立憲主義の回復を求める市民連合」―①安保法廃止、②立憲主義の回復、③個人の尊厳を擁護する政治の実現に向けて闘う

出所：筆者作成 PowerPoint より

面的な実施をめざし、個人の尊厳を守る政治の実現に向けて自らとりくむ初めての国政革新の運動として、画期的な意義をもっています。

日本には、多くの市民が立ち上がって絶対君主制を自ら倒し、主権を国王から国民の手に奪い取った欧米型の市民（ブルジョア）革命の歴史がありません。日本国憲法が定めた豊かな基本的人権、その一部をなす教育を受ける権利、また安全・安心な労働環境ではたらく権利、さらにはその労働環境を充実させるために労働組合を作ってたたかう権利なども、多くの市民が時の権力とたたかって勝ち取ったものではありません。天皇制の権力は米占領軍によって解体され、世界史的に先駆的な憲法も米占領軍の下書きをもとにしたものでした。そのため戦後日本の社会には、憲法は立派だがその実現の最大の保障となるはずの民衆の育ちがそれに追いついていないという歴史のずれが生まれました。

改憲の策動に対する護憲のとりくみも多くが9条に限定され、たとえば25条の生存権をめぐる各種のたたかいは、多くの市民の理解と共感を十分獲得するものになりませんでした。賃上げには取り組むが労働時間短縮には取り組まないという特徴を長くもった労働組合運動は、社会保障拡充の運動にも長く本腰を入れないままでした。そのことは「構造改革」政治の中で露骨になった「自己責任」論への市民の反撃の弱さにもあらわれています。生存権は首の座らない赤ん坊から寝たきりの年寄りまで、すべての個人が「健康で文化的な最低限の生活を国に求めることのできる権利」です。その権利を多くの市民が自覚していれば、国が「貧乏は自己責任だ」と言い出したとき、「ふざけるな、貧乏の解決は何より国の仕事だ」という大反撃がただちに行なわれていたはずです。

しかし、2004年からの「九条の会」の広がり、2011年の東日本大震災と東電福島第一原発の事故をきっかけとした脱原発・原発ゼロの取り組みなどを土台に、2013年の秘密保護法、2014年の集団的自衛権容認の閣議決定、2015年の戦争法強行といった安倍政権の異常な暴走を前に「立憲主義」を前面に打ち出す社会運動が広まり、これが「9条守れ」にとどまらず「返済不要の奨学金を」「保育所落ちたの私だ」など、憲法が規定する基本的人権あるいは25条を核心として含む「個人の尊厳」を全面的に擁護する政治の実現に向けた運動へと急速に広がりました。

この取り組みは、日本の市民自身の手による初めての市民革命、ただしそのための憲法はすでに制定されており、その中には欧米の市民革命が最初に獲得した自由権にとどまらない充実した社会権、あらゆる性の平等、平和のうちに生存する権利など世界史的に見ても最先端の内容が含まれている、日本社会に独特で現代的な市民革命の始まりという意義を持つものです。「市民連合」が各地に広がり、「市民と野党の共闘」が時に「失敗」し、「損害」を被りながらも、総体として急速に「賢く」なっていることは、希望の持てる政治の政策を示すだけでなく、その政策を実現する個人と社会の豊かな成長を示すものともなっています。

このように述べると、先のマルクスによる「資本の論理」の浸透とそれに対する「労働者」たちの抵抗という構図に照らして、現代日本の運動が「市民運動」と呼ばれていることに違和感を覚える方もあるかも知れません。しかし、現代の日本で運動する「市民」の内実は、「総がかり」は現役労働者やそのＯＢ・ＯＧで、「学者の会」も同様です。「ママの会」も労働者やその家族が多くをしめ、「学生」も多くが労働者の家族でありまた多くが近々労働者となっていく人々です。人間社会の内部にある経済的な地位の相違を重視するマルクスの社会階級論にもとづけば、現代日本の「市民運動」は労働者とその家族が中心的に担っているもので、労働者とは別な地位や生活実態をもった「市民」が新たに生まれた結果ではありません。私は労働組合運動や政党の運動にかかわるだけでなく、平和運動や消費者運動、市民の学習教育運動、科学者運動などにかかわっています。過去には保育運動やＰＴＡに深くかかわったこともありました。そのように労働者が担う運動は、そもそもそこに暮らす社会の実情に応じて多様な姿をとるものなのです。

現代日本で日本国憲法の全面実施に抵抗し、個人の尊厳をないがしろにする主な要因は、財界・大資本によるむきだしの「資本の論理」、日本の社会を植民地であるかのように扱うアメリカによる支配、かつての大日本帝国時代を「美しい」と讃える思想などですから、自らの労働や生活の環境を改善しようとする労働者はこれらすべての是正にかかわる取り組みを余儀なくされ、これらの解決を望むあらゆる人々と手をつながずにおれなくなります。

日本社会には日本社会に独自の発展の論理があり、その発展を担う人々の成長にも独自の過程が存在します。そうした歴史の上に「市民連合」や「市民と野党の共闘」を位置づけるなら、内容豊かな日本国憲法を前提に「立憲主義」の名にふさわしい政治を本気で実現しようという今日の取り組みが、日本社会の発展に巨大な飛躍をもたらしうるもので、当面する野党連合政権の樹立がその重要な入口となりうることは明白です。

8. 連合政権づくりがいよいよ野党共闘の共通課題に

「オール沖縄」の結成が２０１４年、それに強い刺激を受けつつ「市民連合」が結成されたのが２０１５年、そして「市民連合」の要望のもとに全国32の１人区に野党が初めて統一候補を立てたのが２０１６年の参院選でした。そこで野党は11議席を獲得しましたが、その３年前の参院選の１人区で野党が議席を得たのは岩手と沖縄だけでしたから、この共闘が自民党政権と「市民と野党」の力関係を大きく変えたことは明らかでした。

こうした勢いを止めようと２０１７年の衆院選では、国会での最大野党だった民進党を「希望の党」に吸収し、共闘を解体しようとする大がかりな策謀が展開されました。しかし、共闘を守ろうとする市民や他の野党の努力が、「希望の党」に受け入れられなかった元民進党員等による立憲民主党の結党と結びつき、逆に全体として「野党」の議席を増加させました。

この２０１７年の衆院選で「市民連合」と野党は、次のような政策合意、野党間の共通政策を確認していました。①安倍政権のもとでの9条改正に反対する、②秘密保護法、安保法制、共謀罪法などは撤回する、③福島第一原発事故の検証なしの原発再稼働は認めない、④森友・加計学園、南スーダン日報などの疑惑を究明する、⑤保育、教育、雇用政策を飛躍的に拡充する、⑥8時間働けば暮らせる社会、社会保障の充実に向かう、⑦ＬＧＢＴの差別解消、女性に対する雇用差別・賃金格差の撤廃などです。

２００９年に民主党を中心とした鳩山政権がつくられた時、市民の側にはこれに託す政策の準備が十分になく、また各政党内部や政党間の話し合いも不十分で、鳩山内閣から菅内閣へ、野田内閣へと政権交代が起こるたびに、諸政策は財界の「資本の論理」やアメリカからの求めにすり寄るものとなりました。この政治的体験を踏まえる時、議員や政党に「信託」する政治の内容をあらかじめ明確にした上で選挙にとりくむ現在の方法は、市民の主権者らしい力の一段の成熟を示すものとなっています。

直近の２０１９年7月の参院選で「市民連合」と立憲民主党、国民民主党、日本共産党、社会民主党、社会保障を立て直す国民会議らが確認した共通政策は次のようです。

①安倍流改憲、9条「改定」に反対し、改憲発議をさせない、②安保法制、共謀罪法などを廃止する、③防衛予算、防衛装備を9条の理念で精査し、国民生活安全のための財源にむける、④辺野古新基地建設の中止、普天間基地の早期返還、日米地位協定の改定、沖縄県の自治体に対する分断工作を止める、⑤平和と非核の東アジアへ、日朝平壌宣言に基づき北朝鮮との国交正常化、拉致問題解決、

核・ミサイル開発阻止に向けた対話を再開、⑥再生可能エネルギーを中心としたエネルギー政策の確立と地域社会再生で原発ゼロを目指す、⑦毎月勤労統計調査ほか行政による情報の操作、捏造を究明し、高度プロフェッショナル制度など虚偽データに基づいた法律を廃止する、⑧10月予定の消費税率引き上げを中止し、所得、資産、法人の各分野で総合的な税制の公平化を図る、⑨保育、教育、雇用に関する予算を飛躍的に拡充する、⑩地域間格差を是正しつつ最低賃金「１５００円」を、８時間働けば暮らせる働くルールや社会保障政策の確立で貧困・格差を解消、特に若者向けに公営住宅を拡充する、⑪ＬＧＢＴｓに対する差別解消施策、女性への雇用差別や賃金格差を撤廃、選択的夫婦別姓や議員間男女同数化（パリテ）を実現する、⑫森友・加計・南スーダン日報隠蔽などの疑惑を徹底究明、幹部公務員の人事に対する内閣の関与の仕方を点検し、内閣人事局の在り方を再検討する、⑬報道の自由の徹底のため、放送事業者の監督を総務省から切り離し、独立行政委員会で行う新たな放送法制を構築するなどです。

２０１７年から２０１９年への合意の深まりは一見して明らかです。この選挙でも野党は前進し、２０１９年７月21日、参院選の開票が進む中で立憲民主党の枝野代表は「今回の経験をいかして次の衆院選ではしっかりと政権交代に向けたチームを組んでいけると思う」「今回の５党《ママ》１会派の枠組みをいかし、こういう連立政権を組みますという姿を私の責任でしっかりと示していく」と語りました。２０１５年９月19日、安保法制が自民・公明の安倍政権に強行採決された日に、日本共産党は「〝戦争法廃止、立憲主義を取り戻す〟――この一点で一致するすべての政党・団体・個人が共同して、『戦争法（安保法制）廃止の国民連合政府』を樹立しよう」と呼びかけましたが、

２０１９年５月２９日

私たちは、以上の政策実現のために、参議院選挙での野党勝利に向けて、各党とともに全力で闘います。

安保法制の廃止と立憲主義の回復を求める市民連合

上記要望を受け止め、参議院選挙勝利に向けて、ともに全力で闘います。

立憲民主党

代表　枝野幸男

国民民主党

代表　玉木雄一郎

日本共産党

委員長　志位和夫

社会民主党

党首　又市征治

社会保障を立て直す国民会議

代表　野田佳彦

出所：安保法制の廃止と立憲主義の回復を求める市民連合ホームページより

あの瞬間に他の野党から前向きな反応が何も見られなかったことを思い返せば、わずか4年での「市民運動」「野党間の共闘」の発展と深化はきわめて急速です。

9．何をする、誰がする、顔のみえる野党連合政権構想を今すぐに

参院選後も、先の13項目の共通政策をはるかに超えて、地域経済を破壊しギャブル依存症を増やすカジノの導入に反対、日本の農林漁業を衰退させるFTAに反対、頻発する自然災害被災者への支援を抜本的に強化する、深刻な気候変動の主因となっているCO2排出を2050年までにゼロにする、核兵器禁止条約を批准する、安倍首相および政権関係者による政治の私物化の象徴である「桜を見る会」問題を徹底追及する、アメリカの求めに呼応して自衛隊員の命を危険にさらす自衛隊の中東派遣反対など、安倍政権が新たな暴走を示すたびに、政策や政治姿勢の一致と連携が野党の間に広まっています。

2020年1月に行われた日本共産党の大会では、来賓として立憲民主党の安住淳国対委員長、国民民主党の平野博文幹事長、社民党の吉川元幹事長、沖縄の風の伊波洋一代表、碧水会の嘉田由紀子代表が挨拶に立ち、さらにゲストとして元自民党の中村喜四郎衆院議員も発言をしました。1980年代以降「共産党をのぞく」という関係が野党の中で長くつづいた歴史をふりかえるなら、またその状況が打開され、党大会で他党の代表があいさつをしたのは2017年の大会での民進党・安住淳代表代行、自由党・小沢一郎代表、社民党・吉田忠智党首、沖縄の風・糸数慶子代表が初めてだったことを考えると、今回の共産党の大会は共闘する野党の相互信頼、さらに当面の課題

で一致する保守と野党の信頼の加速度的な深まりを象徴的に示しています。

大会での来賓とゲストのあいさつを「しんぶん赤旗」（２０２０年1月15日）は第一報で簡潔に次のように紹介しました。

「安住氏は『国会運営や国政選挙で一体感のある共闘を進めていけば、自然とその先に政権が見えてくる』、平野氏は『志位委員長が触れられた、立憲主義回復、格差解消、多様性の三つの柱は、日本の国を変えていく大きな指針になる』、吉川氏は『9条を無視する安倍政権をみんなの力で倒そう』、伊波氏は『あきらめないこと。これが勝利の方法だと沖縄県民は確信している』、嘉田氏は『政権交代の枠組みを地域から、みなさんの足元の一人ひとりの地方自治、草の根からつくろう』、中村氏は『次の総選挙で小選挙区１００議席を勝つには日本共産党の力がなければ絶対に勝てない。力を合わせよう』と訴えました」

「７６０人の大会代議員、１１７人の評議員は、熱のこもった一人ひとりのあいさつに『ウォー』という大きな歓声と拍手で応え、登壇者とともに小池晃書記局長の発声で『団結がんばろう』を三唱しました」

「市民と野党の共闘」は、共通政策で合意する野党の議席を増やすことを最終目的としたものではありません。安倍政権を倒すことを最終目的とするものでもありません。それらはいずれも欠かすことのできない重要課題ですが、本当にめざすところはその先にある共通政策の実現であり、日本国憲法の精神を真剣に活かそうとする立憲主義の政治をつくることです。フィンランドやデンマークには、日本よりはるかに進んだ社会の一例がありました。しかし、それはすでに日本国憲法

出所：日本共産党 YouTube より

の射程にふくまれている社会です。それらの社会と日本の格差は、他ならぬ日本社会の「のびしろ」を示すものでしかありません。その「のびしろ」を活かし、さらに広げるために何より必要なのは日本の労働者・市民、つまりは私たちの成長です。政治をあきらめさせられている構えの弱さを乗り越え、大いに政治を語り、日本の「のびしろ」を語り、その実現のために身のまわりから行動する仲間を増やしていかねばなりません。野党連合政権が実現すればそれはますます加速していくでしょう。

野党各党には日本社会のより人間的な発展に向けた連合政権構想の一日も早い具体化を切望します。そこでは政策の一致点にとどまらず、政権運営にあたっての野党間の協力の具体的なあり方や、さらには首相をはじめ少なくとも主な予定閣僚の氏名をあきらかにして「市民に顔の見える政権構想」を示してほしいと思います。そういう連合政権づくりの大波を私たちも楽しみながら急いでつくっていきましょう。

〔追記〕

この本をまとめる作業の最終版（２０２０年3月20日）に、国連の幸福度ランキング２０２０年版が発表されました。フィンランドが3年連続で世界一となり、「金メダル」（第1位）の数でついにデンマークと並びました。上位はやはり北欧諸国が占めており、他方で、日本はさらに順位を４つ落として62位になってしまいました。日本の政治の転換はますます急務です。

最新のベスト10は次のとおりです。1位フィンランド、2位デンマーク、3位スイス、4位アイスランド、5位ノルウェー、6位オランダ、7位スウェーデン、8位ニュージランド、9位オーストリア、10位ルクセンブルク。

【第4章】

「安保法制の廃止と立憲主義の回復を求める市民連合」と立憲四野党一会派の13項目の共通政策

――だれもが自分らしく暮らせる明日へ――

※各項目の文末に担当執筆者名記載

1　安倍政権が進めようとしている憲法「改定」とりわけ第9条「改定」に反対し、改憲発議そのものをさせないために全力を尽くすこと。

安倍改憲は、①「第9条の2」を加憲しようとしています。これは自衛隊を憲法に明記することに加え、いわゆる集団的自衛権という同盟国を衛る権利（＝他衛権）の行使を「合憲」とするものであり、安倍内閣の閣議決定（2014年7月1日）とそれを具体的に整備する法制度である戦争法（2015年9月）を追認し「合憲」にする憲法改悪です。

安倍改憲は「第9条の2」加憲だけではありません。そのほか、②自民党政権が続くように、国政選挙における〝投票価値の平等〟を犠牲にしても「合憲」にでき、民意を歪曲する違憲の衆議院小選挙区選挙・参議院選挙区選挙を温存できる改憲、③地方自治を骨抜きにし、経済界の要求に応えるための道州制を許容し「合憲」にする改憲、④戦争を許容する国民をつくりあげるために教育への国家介入を「合憲」にする改憲、⑤同じく私立学校への介入を「合憲」にする改憲、⑥自然災害時だけではなく戦争時にも緊急事態として内閣に立法権を付与し、三権分立制を骨抜きにする改憲、⑦同じく緊急事態として国政選挙を延期できる改憲も目論まれているのです。

安倍「4項目」改憲と言われますが、実は「7項目」改憲であり、いずれも日本を「戦争ができる国家」にするための憲法改悪なのです（本書第2章を参照）。一つでも国会発議させてはなりません。

【上脇博之】

2　安保法制、共謀罪法など安倍政権が成立させた立憲主義に反する諸法律を廃止すること。

安保法制は、集団的自衛権（他衛権）の行使を「合憲」とする安倍内閣の閣議決定を具体的に法整備する戦争法です。集団的自衛権（他衛権）の行使は専守防衛の枠さえ超え、平和的生存権を侵害し、戦争法はアメリカの戦争に日本が本格的に参戦するための違憲の法律です。

また、犯罪計画を「話し合う」だけで処罰対象とする「共謀罪」については、２００３年、04年、05年に国会に上程されましたが、「市民団体や労働組合も対象になる」との批判が相次ぎ、「思想の自由」（憲法第19条）を侵害するがゆえに、同法案は廃案になっていました。そこで安倍政権は「テロ等準備罪」と呼び変え、安倍首相は「テロ等準備罪を成立させないと国際条約を締結できない。２０２０年の東京オリンピック開催にも支障がある」と説明。しかし、そこでいう国際条約は、マフィアなどの国境を越える組織犯罪を防ぐための国際組織犯罪防止条約（パレルモ条約）のことで、マネーロンダリングを防止するなどの経済犯をメインにしておりテロ対策ではありません。日本はテロ対策として、「爆弾テロ防止条約」や「テロ資金供与防止条約」など国連条約を締結していましたし、テロ資金提供処罰法があったのです。安倍政権は虚偽の説明をして同法案の成立を強行しました。

したがって、安保法制、共謀罪法は廃止すべきです。

【上脇博之】

3　膨張する防衛予算、防衛装備について憲法9条の理念に照らして精査し、国民生活の安全という観点から他の政策の財源に振り向けること。

２０２０年度予算案で防衛予算は6年連続で過去最高を更新し、5兆３０００億円を超えました。予算膨張の要因としては、集団的自衛権の行使を可能とした安保法制＝戦争法に基づき「海外で武力行使する軍隊」に変えようとする企てとともに、トランプ米大統領の言いなりに米国製兵器を「爆買い」しようとする安倍政権の姿勢が挙げられます。たとえば、1機１００億円から２００億円ともいわれるF35ステルス戦闘機を１０５機も追加調達し、総計１４７機に増加させたり、2基で総額６０００億円ともいわれる陸上配備型ミサイル迎撃システム（イージスアショア）の配備を強行しようとしたり、まさに大盤振る舞いです。また「いずも型」護衛艦の空母化や長距離巡航ミサイルの導入など、攻撃的兵器の保有を認めない憲法上の立場を踏みにじるものとしかいえません。さらに加えて、在日米軍駐留経費の日本側負担（「思いやり予算」）も約２０００億円にのぼり、トランプ政権からはこの4倍の80億ドル（８４００億円）への増額要求を突き付けられる始末です。

安倍政権のもとで膨張の一途をたどる防衛費を憲法9条の理念に照らして精査し、この理念に反するものを削減していけば、国民生活の改善・向上に必要な巨額の財源を生み出すことができるでしょう。

【冨田宏治】

4　沖縄県名護市辺野古における新基地建設を直ちに中止し、環境の回復を行うこと。さらに、普天間基地の早期返還を実現し、撤去を進めること。日米地位協定を改定し、沖縄県民の人権を守ること。また、国の補助金を使った沖縄県下の自治体に対する操作、分断を止めること。

名護市辺野古の海への土砂投入が強行されて1年以上になりますが、投入された土砂は予定量の１％に過ぎず、単純計算で完成までに１００年かかることになります。安倍政権は当初5年としていた工期を9年3カ月に延長し、費用を９３００億円とする見通しを示しましたが、大浦湾の海底に広がる深さ90メートルに達する超軟弱地盤の改良工事と埋立ては技術的に不可能であり、辺野古への米海兵隊基地建設は決して実現することはありません。それでも基地建設にしがみつきつづける安倍政権の姿勢はもはや狂気の沙汰としか言いようのないものです。

辺野古への基地建設を一刻も早く断念するとともに、辺野古の海の生態系を回復することが必要なのはいうまでもありませんが、辺野古への移設が実現しないからといって、危険な普天間基地をこのまま維持させるわけにはいきません。海兵隊のオスプレイやヘリコプターの墜落や、部品落下の事故が頻発するなか、普天間基地の返還も待ったなしの課題です。

知事選や国政選挙、さらには住民投票でくり返し示された沖縄県民の意思を誠実に受け

止め、米国政府と交渉し、普天間基地の早期返還や地位協定の改定を実現していくことが求められています。【冨田宏治】

5　東アジアにおける平和の創出と非核化の推進のために努力し、日朝平壌宣言に基づき北朝鮮との国交正常化、拉致問題解決、核・ミサイル開発阻止に向けた対話を再開すること。

朝鮮半島の非核化の問題は現在、米国と北朝鮮との間の米朝交渉、韓国と北朝鮮との間の南北交渉に委ねられていますが、交渉の行き詰まりを打開するためには、この問題を解決するために設定されてきた多国間交渉の枠組みである米国、ロシア、中国、韓国、北朝鮮、日本による6カ国協議をすみやかに再開していくことが必要です。そして中長期的には、この6カ国協議の枠組みを発展させることで、北東アジアにおける平和体制の構築のための基盤としていくことが展望されます。北東アジアの平和体制のモデルとしては、東南アジア諸国連合（ＡＳＥＡＮ）による東南アジア友好協力条約（ＴＡＣ）の取り組みがあげられます。

安倍政権による、北朝鮮、韓国への敵対政策や、米国はじめロシア、中国といった大国に対する一方的な追随外交をあらため、過去の侵略戦争への反省と日本国憲法の理念にたって、東アジアの平和構築を目指す外交努力をすすめていくことが求められています。

同時に、２０１７年に採択され発効が目前に迫っている核兵器禁止条約に加盟（署名・批准）することを市民と野党の共闘の共通政策に盛り込んでいくことも期待したいと思います。核兵器の禁止と廃絶を求める市民の声をさらに高めていきましょう。【冨田宏治】

6　福島第一原発事故の検証や、実効性のある避難計画の策定、地元合意などのないままの原発再稼働を認めず、再生可能エネルギーを中心とした新しいエネルギー政策の確立と地域社会再生により、原発ゼロ実現を目指すこと。

現代の社会に安定的な電力の供給は欠かせません。しかし東電福島第一原発の事故の深刻さを考えると、原発に頼るのはあまりにも危険です。あれから9年になる今も政府によるカウントでさえ5万近く人が自宅にもどることができていません。地域や人間関係が失われ、農業や漁業をふくむ生業が回復せず、家族がいっしょに住めなくなった事例も少なくなく、被曝による差別や補償額の相違などにもとづく被災者同士の対立さえも起こっています。溶け落ちた核燃料デブリの状況はいまも正確にはわからず、「復興は終わった」などと到底言える状況ではありません。人の力で十分に制御できない原発はできるだけ早く「ゼロ」にすべきです。

同時に、原発にかわる電力をいつまでも火力発電に頼るわけにもいきません。火力は大量のＣＯ２を排出し、地球温暖化をすすめるからです。世界はすでに「脱石炭」をめざしています。もっともCO2の排出量が多いのが石炭火力だからです。その火力発電を輸出するなどもってのほかです。太陽光・風力・バイオマスなど地域の特質に応じた「再生可能エネルギー」の地産地消を急ぐことが必要で、それは人口減が不安視される全国各地に新しい経済の活力を生み出すものともなるでしょう。

【石川康宏】

7　毎月勤労統計調査の虚偽など、行政における情報の操作、捏造の全体像を究明するとともに、高度プロフェッショナル制度など虚偽のデータに基づいて作られた法律を廃止すること。

2019年2月にNHKの「クローズアップ現代」が「問題の核心は!? 徹底検証・統計不正」と題してこの問題を取り上げました。「景気動向や経済政策の指標となる重要な統計が歪められていた厚生労働省の統計不正問題。なぜ長年にわたって不正は続けられたのか? 延べおよそ2000万人にのぼる、雇用保険などの過少給付の実態は? そして、国会での論戦の行方は——。取材班は、当時の厚生労働省の関係者などを徹底取材。問題の核心に迫る」というのが番組紹介の文章でした。

長年に渡る統計の不正と隠蔽、政府による虚偽の資料の提供。これによって雇用保険など直接の給付だけで1973万人、537億円の不払いが明らかになりました。雇用保険は、失業給付だけでなく、傷病手当金、育児休業給付、介護休業給付など16種類におよびます。さらにこの統計は最低賃金、人事院勧告などの指標にもされ、一定収入以上のサラリーマンの残業代をゼロにする「高度プロフェッショナル制度」の年収要件の設定にも使われました。統計偽装の悪影響はきわめて深刻です。なぜこんなことが起こったのか、その実態と責任を明らかにすること、そしてこんなデータに基づいてつくられた法律は白紙にもどすのが当然です。

【石川康宏】

８　２０１９年10月に予定されている消費税率引き上げを中止し、所得、資産、法人の各分野における総合的な税制の公平化を図ること。

消費税の税率が10％に引き上げられた結果、市民の生活は苦しくなり、中小業者の倒産や廃業など景気の悪化が急速に進んでいます。税金は国や自治体が国民のための仕事を行うための財源で、戦後の日本では所得税と法人税が２本柱とされてきました。そこに１９８９年、財政赤字を理由に税率３％で消費税が導入され、その後、税率は１９９７年に５％、２０１４年に８％、そして２０１９年に10％に引き上げられました。非正規雇用が増やされ、賃金が低下する中での消費税増税は、国内最大の消費力である個人消費を抑え込み、日本経済を「成長なき失われた30年」に導きました。消費税増税が経済運営の失敗につながってきたことは明らかで、それは今も続いています。

しかも、この間に政府は法人税率や富裕層の所得税負担を引き下げ、財政赤字を放置したまま、税収を消費税中心にすりかえてきました。所得税や法人税は「裕福なものは多めに、貧しいものは少なめに」という累進課税の原則にもとづいたものですが、消費税は貧しいものほど生活への負担が重くなる悪税です。貧富の格差を縮小し、生活の苦しい人をみんなで支えあう、より人間らしい社会をつくるために、税率を同じくするという形だけの「公平」でなく、もてる財産に応じた実質的な「税制の公平化」が必要です。【石川康宏】

9 この国のすべての子ども、若者が、健やかに育ち、学び、働くことを可能とするための保育、教育、雇用に関する予算を飛躍的に拡充すること。

「資本主義は自由競争の社会」「貧困は競争に負けた者の自己責任」。こういうことを政府が公然と主張するようになった1990年代の「構造改革」以後、子どもや若者をとりまく社会の環境は急速に悪化しました。子どもたちの6~7人に1人が相対的な貧困ライン――豊かさの順に人をならべた時にちょうど真ん中にくる人の所得の半分――以下の暮らしを余儀なくされています。三食まともに食べることができない子どもも少なくありません。保育所が足りないために親が働けず、それが貧困の大きな要因になっている現状もあります。習い事や塾など子どもの教育にお金をかけることができず、それが親から子への「貧困の連鎖」にもつながっています。

この「連鎖」を断ち切る懸命な努力の前に立ちふさがっているのが文科省の調べでも世

界一高い日本の大学の学費です。奨学金も給付でなく貸与ばかりで、アルバイトのため授業に出られないという学生も珍しくありません。苦労して社会に出ても奨学金の返済ができず「自己破産」に追い込まれてしまうケースも生まれています。子どもや若者をこんなにイジメる社会でいいわけがありません。国が責任をもって保育、教育、雇用を改善するのは当たり前のことです。

【石川康宏】

10　地域間の大きな格差を是正しつつ最低賃金「１５００円」を目指し、８時間働けば暮らせる働くルールを実現し、生活を底上げする経済、社会保障政策を確立し、貧困・格差を解消すること。また、これから家族を形成しようとする若い人々が安心して生活できるように公営住宅を拡充すること。

日本の最低賃金（全国加重平均）は９０１円です。これは国が法律で決めているものです。憲法25条は、すべての国民の健康で文化的な最低限度の生活を国が守るとしていますが、こんな賃金でまともな生活が送れるでしょうか。２０１９年2月にコープ愛知労働組合が、最低賃金体験に取り組みました。当時の愛知の最低賃金は８９８円で、今の全国平均とほぼ同じです。毎日8時間、月22日出勤して月給は15万８０４８円。ここから厚生年金や健康保険料などを引くと、残りは12万７８７３円。体験者が真っ先に削らざるを得なかったのは、食費、趣味、交際費などでした。「昼食を切り詰めたら、体を壊しそうになって危機感を覚えた」という人もいたそうです。こんな低賃金を国が認めていいわけがありません。

最近では地域別の物価の差は小さくなり、地方ほどクルマにお金がかかるようになっています。カギを握るのは、労働者の7割を雇用している中小企業での賃上げですが、そのためには国からの助成の大幅増が不可欠です。また生活は賃金と社会保障に支えられますから、社会保障の拡充も必要です。あらゆる生活の土台となる安くて安心して住める家も必要です。こうして8時間働けばまともに暮らせる社会をつくることは、日本経済の活性化に道をひらくものともなっていきます。【石川康宏】

11 ＬＧＢＴsに対する差別解消施策、女性に対する雇用差別や賃金格差を撤廃し、選択的夫婦別姓や議員間男女同数化（パリテ）を実現すること。

ＬＧＢＴsは、レズビアン（女性の同性愛）、ゲイ（男性の同性愛）、バイセクシャル（両性愛）、トランスジェンダー（心と体の性が一致しない人）の英語の頭文字に、さらに様々な性的指向・性自認を含むという意味で「複数形のｓ」がつけられた言葉です。

日本では明治に入り「産めよ増やせよ」の軍国主義政策と結びついて、子どものできないカップルを排斥する動きがつくられました。２０１８年に自民党の杉田水脈議員が同性カップルを「子供を作らない、つまり『生産性』がない」と書いて大きな批判を浴びましたが、あれは大日本帝国時代の発想そのものでした。

世界の憲法がはじめて人の尊厳や基本的人権を記したとき、その範囲は男性の白人の富裕者の健常者に限定されたものでした。しかし、その後の歴史の中で、人々は「男性だけでなく」「白人だけでなく」「富裕者だけでなく」「健常者だけでなく」と等しく尊重されるべき「人」の輪を大きく拡げてきました。すべての人の尊厳を守る人間社会を。この精神に立てば、多様な性の尊重も当然です。社会のあり方に大きな影響を与える議会に、様々な性の代表が適正な比率で参加するのも当然で、また結婚の際に個人のアイデンティティを示す「姓」の選択を可能にするのも当然のことです。【石川康宏】

12　森友学園・加計学園及び南スーダン日報隠蔽の疑惑を徹底究明し、透明性が高く公平な行政を確立すること。幹部公務員の人事に対する内閣の関与の仕方を点検し、内閣人事局の在り方を再検討すること。

そもそも行政文書・公文書は、日本国憲法の「知る権利」、情報公開法の情報公開請求権を保障し、政府が主権者国民に説明する責務を果たし、国民主権の下で民主主義を成立させるために不可欠なものです。ところが、安倍政権は貴重な行政文書・公文書を隠蔽してきました。それは、別の違法行為（財政法違反など）や不都合な真実の発覚を恐れたからです。それが森友・加計学園事件、南スーダン日報隠蔽、「桜を見る会」事件です。

その背景には、安倍政権による高級官僚の幹部人事管理があります。2014年5月に国家公務員の人事制度を所管する機関「内閣人事局」が設立され、幹部職員となるには内閣総理大臣による適格性審査を経なければならず、その審査の結果、幹部職員として必要な「標準職務遂行能力」を有していると判断されれば、幹部候補者名簿に掲載され、この名簿から各府省の幹部が任命されることになりました(国家公務員法第34条第1項第5号・第6号、第61条の2など)。この仕組みが歴史修正(改竄)主義の安倍政権の下で、「全体の奉仕者」であるはずの官僚を「一部の奉仕者」への変質させ、政府の違法行為又は不都合な真実を隠蔽するよう官僚に対し事実上強制しており、そのため、安倍政権は安倍首相を守った幹部職員を厳しく処分できなくなってもいるのです。厳しく処分したら真実を自白するからでしょう。【上脇博之】

13　国民の知る権利を確保するという観点から、報道の自由を徹底するため、放送事業者の監督を総務省から切り離し、独立行政委員会で行う新たな放送法制を構築すること。

放送法は、放送事業者に対し、放送番組の編集において「政治的に公平であること」等を要請し(第4条)、「放送事業者」が「この法律又はこの法律に基づく命令若しくは処分に違反したとき」、「総務大臣」は「3月以内の期間を定めて、放送の業務の停止を命ずることができる」とも定めてもいます（第１７４条）。

しかし、以上の解釈・運用においては、日本国憲法の保障する表現・言論（放送）の自由を侵害せず、知る権利を保障するよう慎重に行う必要がありますので、「政治的に公平であること」などは倫理規定にすぎないと解釈されてきました。

ところが、２０１６年2月8日の衆議院予算委員会で高市早苗大臣は、「極端に『政治的公平性』に違反を繰り返し、まったく改善がされなければ、（電波停止の可能性も）まったく将来にわたってないとお約束することはできません」と答弁したのです。

「極端に『政治的公平性』に違反を繰り返し、まったく改善がされない」と判断するのが総務大臣であれば、「表現（放送）の自由」が侵害されるという危惧が現実のものになりかねません。高市総務大臣答弁はテレビ局を益々萎縮させ、安倍政権への批判を行ったキャスターやコメンテーターを降板させ、マスコミは安倍政権を厳しく追及報道することができなくなっています。

マスコミを国民の「知る権利」のために尽力する報道機関へと変えるためにも、野党連合政権の実現は不可欠です。

【上脇博之】

【著者紹介】

冨田 宏治（とみだ　こうじ） 1959年生まれ。関西学院大学法学部教授。日本政治思想史。2006年より原水爆禁止世界大会起草委員長。著書に『核兵器禁止条約の意義と課題』（かもがわ出版）、『丸山眞男―「近代主義」の射程』（関西学院大学出版会）、『丸山眞男―「古層論」の射程』（同）など多数。

上脇 博之（かみわき ひろし） 1958年生まれ。神戸学院大学法学部教授。専門は憲法学。「政治資金オンブズマン」共同代表、公益財団法人「政治資金センター」理事、憲法改悪阻止兵庫県各界連絡会議（兵庫県憲法会議）幹事。『日本国憲法の真価と改憲論の正体』（日本機関紙出版センター）、『逃げる総理 壊れる行政』(同)など著書多数。

石川 康宏（いしかわ　やすひろ） 1957年生まれ。神戸女学院大学文学部教授。経済理論・経済政策。全国革新懇代表世話人、日本平和委員会代表理事。著書に『マルクスのかじり方』（新日本出版社）、『若者よ、マルクスを読もうⅠ～Ⅲ』（内田樹氏との共著、かもがわ出版）など多数。

いまこそ、野党連合政権を！　真実とやさしさ、そして希望の政治を

2020年5月10日　初版第1刷発行

著者　冨田宏治、上脇博之、石川康宏
発行者　坂手崇保
発行所　日本機関紙出版センター
〒553-0006　大阪市福島区吉野3-2-35
TEL 06-6465-1254　FAX 06-6465-1255
http://kikanshi-book.com/　hon@nike.eonet.ne.jp
本文組版　Third
編集　丸尾忠義
印刷・製本　シナノパブリッシングプレス
ISBN 978-4-88900-982-8